투자자 여러분들의 성공투자를
진심으로 기원합니다.

Tonyun

성장주 패러다임

압도적 성장주와 비트코인에 투자하라

GROWTH STOCK PARADIGM

성장주 패러다임

압도적 성장주와 비트코인에 투자하라

천백만(배용국) 지음

거인의 정원

투자의 시대정신을
거스르지 않도록

코스피가 대세상승을 이어가던 1980년대 후반, 일간지의 증권 면에서 같은 섹터에 속한 종목의 화살표가 모조리 같은 방향이었던 것을 본 기억이 있다. 은행섹터 주식은 모조리 화살표가 위를 향하든가, 의류섹터 주식은 모조리 화살표가 아래를 향하든가 하는 식이었다. 그런데 당시 투자자들은 그걸 이상하게 생각하지 않았다. 주식은 항상 섹터별로 움직인다고 생각했기 때문이다.

언젠가 존 리 선생님이 가장 어이없었던 경험을 이야기해 준 적이 있다. 우리나라 주식시장이 외국인 투자자들에게 개방되었던 초창기에 어느 증권사 직원이 '안국화재(현 삼성화재)' 대신에 다른 보험주를 추천하기에 그 이유를 물었더니, "안국화재는 주가가 4만 원이고, 다른 보험주는 주가가 2만 원이니까 안국화재 대신에 다른 보험주를 사라"라고 했다는 것이다. 같은 보험주니까 다 같이 1만 원이 오르면 안국화재의 수익률은 25%에 불과하지만 다른 보험주의 수익률은 50%가 될 테니, 다른 보험주에 투자하는 것이 옳다는 논리였다. 이렇듯 회사의 본질가치는 중요하지 않고, 오로지 같은 업종이면 같은 주식으로 취급하던 그런 시절이었다.

그런데 1992년에 주식시장이 외국인들에게 개방되면서 우리나라 증시에 가치투자의 바람이 불어왔다. 자산가치나 수익가치 등을 따져보고 주가가 저평가된 종목을 매수하는 시대로 접어들면서 업종이 아닌 구체적인 종목으로 관심이 옮겨 가기 시작했다. 주식시장이 개방되자마자 외국인들이 집중적으로 사들인 종목은 저(低)PER 주식들이었다. 그들은 PER이 낮은 종목들만 찾아 나섰다. '한국이동통신서비스'를 필두로 해서 '태광산업', '대한화섬' 등이 눈만 뜨면 상한가로 직행했다.

당시 국내 투자자들은 섬유업을 하는 태광산업에 큰 관심도 없었고 거래량도 많지 않았다. 섬유는 사양산업이라고 생각했기 때문이다. 그 결과 태광산업의 PER은 1배 수준까지 떨어졌다. PER이 1배라는 것은 만약 누군가가 이 회사를 사들인다면 1년 만에 투자금을 전부 회수할 수 있다는 뜻이다. 그만큼 저평가되었음을 의미한다. 외국인들이 태광산업 주식을 적극적으로 사들인 결과, 1992년 초에는 5만 원에 불과했던 주가가 5개월이 지나자 무려 20만 원을 넘어섰다. 외국인 투자자들의 눈에는 PER이 1배밖에 되지 않는 주식을 그대로 방치해 둔 우리나라 투자자들이 이상하게 보였을지도 모르겠다.

당시는 우리나라 투자자들 사이에 PER의 개념조차 제대로 정립되지 않았던 때였다. 외국인들에게 문호가 개방되기 전에 우리나라 증시를 주도하던 업종은 금융, 건설, 무역의 소위 '트로이카 종목'이었다. 관습에 익숙해진 국내 투자자들은 저PER 주에 투자해야 한다는 관점의 변화에 쉽게 적응하지 못했다.

태광산업이나 한국이동통신을 제외하고도 '비비안', '신영(현재 신영와코루)', 'BYC', '삼양사' 등으로 저PER 주의 바람이 점점 더 확산되었지만, 여전히 과거의 '트로이카 종목'에 집착했던 우리나라 투자자들의 손실은 점점 더 커질 뿐이었다. 결국 태광산업의 시가총액이 '대우전자'를 넘어서자, 주식투자자들 사이에서는 적정 가치를 둘러싼 논란이 일었다. 태광산업이 5대 그룹에 속하는 대우그룹의 간판기업인 대우전자를 넘어섰다는 것을 그 당시에는 도저히 받아들일 수 없었던 것이다.

시대정신(時代精神)이라는 것이 있다. 18세기 후반부터 19세기에 걸쳐 독일을 중심으로 등장했는데, 한 시대의 지배적인 지적·사회적 동향을 나타내는 정신적 경향을 말한다. 이런 시대정신이 주식시장에도 있다. 1992년도에 우리나라 주식시장의 시대정신은 '저PER' 주식이었다. 그리고 저PER이라는 개념은 기존의 주먹구구식 '트로이카'라는 개념보다는 훨씬 진일보한 것이었다.

그러면 2020년대를 관통하는 주식시장의 시대정신은 무엇일까? 바로 성장주다. 지금의 가치보다는 미래의 가치를 더 중요시하는 것이 현재 주식시장의 시대정신이다. 2차 전지, 인공지능, 로보틱스 등 2023년 주식시장을 지배했던 주도주들은 모두 다 성장주였다. 이러한 성장주라는 개념은 기존의 저PER 주나 자산주라는 개념보다 훨씬 더 진화한 것이다. 왜 그런지는 본문에서 설명하겠다.

내가 하고자 하는 말은 시대정신을 거스르지 말자는 것이다. 1992년에 저PER이라는 개념을 받아들이지 못하고 여전히 트로이카 시대에 머물렀던 투자자들은 큰 손실을 감당해야만 했다. 이러한 트로이카 주식들 중에는 30년이 지난 지금까지도 당시 시세를 회복하지 못한 사례가 수두룩하다. 태광산업의 시가총액이 대우전자를 넘어서는 것을 받아들이지 못해 대우전자 주식을 그대로 보유했던 투자자들은 해당 주식이 결국 휴지조각이 되는 것을 지켜봐야만 했다.

지금은 성장주 시대다. 성장주에 관심을 가져야 만족할 만한 수익을 얻을 수 있다. 특히 구조적 성장주에 투자해야 한다.

이 책을 쓰면서 내가 염두에 둔 사람들은 30대 중반의 젊은 독자들이다. 내 집 마련이다, 자녀 교육이다 해서 팍팍한 삶을 살아가는 젊은 독자들이 먼 훗날을 위해 노후준비를 하기란 언감생심(焉敢生心)이다. 그런데 세월은 쏜살같이 흘러 바쁘게 살다 보면 어느덧 50대 중반이다. 그때 가서 "아차!" 하고 후회해 봐야 돌이킬 수 없다.

그래도 60년대생이나 70년대생에게는 국민연금이라도 있다는 것이 큰 위안거리다. 하지만 지금의 젊은 세대는 국민연금에 기대기도 어렵다. 우리 모두 국민연금에 문제가 있다는 건 지금도 알고 예전에도 알았지만, 전 국민의 이해관계가 거미줄처럼 복잡하게 얽혀 있다 보니 제도 개선은 지지부진하다. 칼로 매듭을 내리친 알렉산더 대왕의 지혜가 나오지 않는 한 앞으로도 만족할 만한 방안이 나올 것 같지 않다. 따라서 젊은 세대는 스스로 노후준비를 해야 한다. 은행 이자가 3%밖에 안 되는데 어떻게 노후를 준비해야 할까? 이런 막막함 때문에 뛰어드는 것이 투자이고, 그중에서도 특히 주목해야 할 것이 주식투자다.

그러면 왜 하필 100배인가? 30대 중반의 젊은 독자들을 염두에 두고 이 책을 썼다고 앞서 이야기했다. 30대 중반의 직장인이라면 1,000만 원 정도는 큰 부담 없이 투자할 수 있다고 가정했다. 그리고 은퇴 후에는 퇴직금이나 연금 등 다른 수입도 있겠지만, 일단 이런 것들은 제외한 채 노후자금으로 최소한 10억 원이 필요하다고 가정했다. 이런 가정을 바탕으로 30대 중반에 주식투자를 시작해서 50대 중반에 은퇴자금 10억 원을 모으는 것을 목표로 했다. 즉, 20년간 100배 수익을 목표로 잡았다. 이를 달성하려면 매년 26%의 수익을 복리로 올려야 한다. 그래서 이 책은 연 26% 수익을 목표로 한다.

■ 성장주에 투자 후 100배가 되는 데 걸리는 시간과 수익률의 관계

수익률	100배가 되는 데 걸리는 시간
14.0%	35년
16.6%	30년
20.0%	25년
26.0%	20년
36.0%	15년

연 26%면 굉장히 높은 수치라는 걸 나도 잘 안다. 하지만 불가능하다고는 생각하지 않는다. 성장주에 성공적으로 투자하면 가능하다. 그 이유는 성장주가 2020년대를 관통하는 주식시장의 시대정신이기 때문이다.

성장주는 다른 종목들과는 굉장히 다르게 움직인다. 그렇기 때문에 주식시장에서 통상적으로 통용되는 기법이나 원칙을 그대로 적용하면 만족스러운 결과를 얻을 수 없다. 이 책에서는 성장주에 적합한 투자방법을 다룬다. 특히 구조적 성장주에 관심을 가져야 한다는 이야기로 이 책을 시작하려고 한다. 이 책을 대중에게 알릴 기회를 주신 '거인의 정원' 이지현 대표님과 남덕현 이사님, 웅달님 그리고 영화 〈캐치미〉 때부터 저의 오랜 동료이신 이현종 감독님께 감사드리며, 윤서와 윤재에게 부끄럽지 않은 책이기를 바란다.

천백만

차 례

GROWTH STOCK PARADIGM

1장

시작하기에 앞서
: 왜 100배인가?

SK그룹에서 근무할 당시의 일이다. 연초만 되면 모든 부서에서는 'Supex 목표'라는 걸 세웠다. 최종현 선대회장님이 직접 챙기는 사안이었기 때문에 그룹의 모든 계열사, 모든 부서가 각별히 신경을 썼다. 그런데 회장님의 요구사항이 좀 이상했다. 아무리 노력해도 불가능한 목표를 세우라는 것. 그러니까 인간의 능력으로는 도저히 이룰 수 없는, 그야말로 오직 신(神)만이 이룰 수 있는 목표를 세우라는 것이었다. 그 당시에는 왜 이런 터무니없는 목표를 세우라는 것인지 이해할 수 없었다. 열심히 노력해서 달성하기 위해 세우는 것이 목표인데, 어차피 이루지 못할 거라면 목표로서 의미가 없다고 생각했기 때문이다. 하지만 지금은 그 이유를 안다. '앵커링 효과'를 이용하기 위해서였다. 우리도 목표 달성을 위해 앵커링 효과를 이용해 보자. 열심히 노력하면 100배라는 목표가 불가능하지만은 않을 것이다.

01

무의식을 지배하는
앵커링 효과

| 맥도날드 커피 사건 |

1992년 미국 뉴멕시코주에서 일어난 일이다. 당시 79세 할머니였던 스텔라 리베크Stella Liebeck는 손자가 운전하는 자동차에 탄 채로 '맥도날드McDonald's' 드라이브스루Drive-Thru에서 커피를 샀다. 손자는 할머니가 커피에 설탕과 크림을 넣을 수 있도록 차를 세웠고, 리베크는 컵을 두 다리 사이에 고정한 채 뚜껑을 열었다. 그 순간 커피가 엎질러지면서 입고 있던 면바지에 스며들어 화상을 입었다.

리베크는 몸 전체 피부의 16%에 화상을 입었고, 6%에는 3도 화상을 입었다. 이로 인해 병원에 입원해서 피부 이식수술을 받아야 했으며, 2년간이나 통원치료를 해야만 했다. 리베크는 맥도날드에 2만 달러[1]를 청구했는데, 이 금액은 사실상 실제로 든 비용에 가까웠다. 병원비가 11,000달러[2] 정도에다, 그동안 일을 하지 못해 생긴 손해가 수천 달러에 달했기 때문이다.

하지만 맥도날드는 협상금으로 단지 800달러[3]만을 제시했다. 이에 리베크는 리드 모건Reed Morgan이라는 변호사를 고용해서 소송을 진행했다. 이 사건이 바로 한때 미국 사법체계를 세계적인 웃음거리로 만들었던 '맥도날드 커피 사건'이다.

모건은 이전에도 비슷한 사건을 변호한 경험이 있었다. 그는 6년 전에 휴스턴에 사는 한 여성이 맥도날드에서 산 커피를 쏟아 3도 화상을 입은 사건을 맡아서 27,500달러[4]를 배상받게 해준 이력이 있었다. 또다시 맥도날드를 대상으로 한 사건의 변호를 맡은 그는 이번에는 독특한 심리학적 전략을 사용해 자신의 주장을 밀어붙였다. 그가 사용한 전략을 살펴보자.

이 사건에서 모건이 강조한 것은 두 가지였다. 첫째는 맥도날드 커피의 온도가 다른 커피 판매점 커피의 온도보다 높았다는 점, 둘째는 맥도날드가 피해자의 화상에 무관심했다는 점이었다. 맥도날드 커피의 온도는 80°C가 넘었는데, 이 정도면 피부에 쏟았을 때 12~15초 사이에 피부이식이 필요할 정도의 화상을 입게 된다. 반면에 70°C 정도

1 약 2,600만 원.
2 약 1,430만 원.
3 약 100만 원.
4 약 3,600만 원.

의 커피는 비슷한 수준의 화상을 입히는 데 약 20초가 걸린다. 그러니까 만약 커피의 온도가 70℃ 정도였다면 실수로 쏟았더라도 5~8초 차이 나는 시간 내에 바지에서 커피를 털어낼 수 있었을 것이므로, 이렇게 심한 화상을 입지 않았을 것이라는 주장이었다. 이에 맞서 맥도날드는 통상적으로 드라이브스루에서 커피를 사는 고객은 출퇴근길에 커피를 사서 목적지에 도달할 때까지 오랜 시간 마시므로, 처음에 커피를 판매할 때는 온도가 높아야 한다고 주장했다.

이 사건에 참여한 12명의 배심원들은 맥도날드에 80%, 리베크에게 20%의 잘못이 있다고 판단했다. 비록 커피 컵에 경고문구가 있기는 했지만 알아보기 힘들 만큼 작았고, 이것만으로는 충분히 조치를 취했다고 보기 어렵다는 의견이었다. 배심원들은 맥도날드에 리베크의 화상 피해에 대한 배상으로 16만 달러를 지불하고, 여기에 징벌적 손해배상으로 270만 달러를 추가해 286만 달러를 지불하라고 판결했다. 이는 우리 돈으로 따지면 약 37억 원이나 되는 큰 금액이다.

배심원들은 왜 이렇게 터무니없이 많은 금액을 배상하라고 했을까? 그 이유는 모건이 구사한 '앵커링 효과' 때문이었다. 모건은 맥도날드가 리베크에게 하루 또는 이틀 동안 전 세계에서 판매하는 커피 판매액만큼 배상해야 한다고 주장했다. 그 당시 맥도날드가 전 세계에서 하루에 판매하는 커피 판매액은 135만 달러였으므로, 최종 배상액인 286만 달러는 약 이틀분의 금액이었다.

배심원들이 이런 결정을 내리도록 한 앵커링 효과에 대해 알아보자. 행동 경제학의 창시자인 대니얼 카너먼Daniel Kahneman과 아모스 트버스키Amos Tversky는 '행운의 수레바퀴'를 이용해 아주 흥미로운 실험을 했다.

행운의 수레바퀴는 미국의 CBS와 NBC에서 방영된 유명한 오락 프로그램이다. 미국 사람이라면 대부분 행운의 수레바퀴에 대해 잘 알고 있다. 원래 수레바퀴에는 0부터 100까지 숫자가 표기되어 있다. 하지만 이 실험에서는 단 2개의 숫자, 즉 10 또는 65에서만 수레바퀴가 멈추도록 미리 손을 써두었다. 연구진은 대학생들에게 이 수레바퀴를 돌려 나온 숫자를 적게 한 뒤, 다음과 같이 질문했다.

■ **행운의 수레바퀴**

출처: 구글 이미지.

질문 1) UN 회원국 중 아프리카 국가들이 차지하는 비중은 당신이 방금 적은 숫자보다 클까, 작을까?

질문 2) UN에서 아프리카 국가들이 차지하는 비중이 얼마나 된다고 생각하는가?

즉, 대학생들에게 수레바퀴를 돌렸을 때 나온 숫자를 상기시킨 후 아프리카 국가들이 UN에서 차지하는 비중에 대해 질문을 던졌다. 그 랬더니 다음과 같은 결과가 나왔다.

수레바퀴가 '10'을 가리킨 학생의 대답 → 평균 25%
수레바퀴가 '65'를 가리킨 학생의 대답 → 평균 45%

행운의 수레바퀴와 아프리카 국가들은 아무런 상관관계가 없음에도 불구하고 대학생들은 자신이 뽑은 숫자의 영향을 받았다. 이것이 바로 앵커링 효과다. 앵커(닻)를 내린 곳에 배가 머물 듯, 처음 입력된 정보가 정신적인 앵커로 작용해 향후 판단에 계속 영향을 미치는 것을 말한다.

대니얼 카너먼과 아모스 트버스키가 앵커링 효과에 대한 논문을 처음 발표했을 때, 학자들은 이 논문의 결과를 믿지 않았다. 그저 실험이 뭔가 잘못되었다고 여겼다. 대학 교육까지 받은 피실험자들이 이토록 단순한 속임수에 넘어갔다는 사실을 믿기 어려웠기 때문이다. 하지만 그 후로도 많은 학자가 실험을 반복했지만 앵커링 효과가 작동한다는 사실만 더 명확해졌을 뿐이다.

앵커링 효과가 일어날 것을 미리 경고해도 소용없었다. 예를 들어, 버지니아대의 티머시 윌슨Timothy Wilson 연구팀은 "머릿속에 떠오르는 어떤 숫자가 그 후에 이어지는 질문에 답할 때 영향을 미칠 수 있습니다. 다음 장에 제시된 질문에 답할 때, 부디 이런 숫자에 영향을 받지 않도록 주의하시기 바랍니다"라고 미리 경고했다. 하지만 피실험자들은 여전히 의미 없는 숫자에 영향을 받았다. 위 사례들에서 알 수 있듯, 앵커링 효과는 의사결정을 하는 데 상당한 영향력을 발휘한다.

맥도날드 커피 사건도 마찬가지다. 변호사 모건이 제시한 '하루 또는 이틀 동안 전 세계에서 판매하는 커피 판매액'과 '리베크에 대한 배상 금액'은 아무런 연관 관계가 없다. 그럼에도 불구하고, 변호사가 주장한 금액이 배심원들의 머릿속에 앵커로 작용하여 286만 달러라는 배상 금액을 결정하는 데 커다란 영향을 미친 것이다.

| Supex란? |

앵커링 효과는 회사 경영에도 이용된다. SK그룹의 가장 중요한 경영이념은 Supex로, SK그룹의 실질적 창업주인 고 최종현 선대 회장님이 가장 중요하게 생각했던 핵심 경영이념이다. 최종현 회장님은 SK그룹의 계열사들이 세계적인 일류 기업이 되려면 다른 기업들이 추구하는 정도의 최고 수준을 추구해서는 안 되며, 그 이상을 추구해야 한다고 생각했다.

"선진기업의 성장곡선과 똑같은 성장곡선만 그리면 항상 평행선으로 가기 때문에, 선진기업을 추월하기 위해서는 선진기업의 성장곡선보다 기울기가 큰 성장곡선을 추구하지 않으면 안 된다"라는 것이었다. 그래서 SK그룹에서는 매년 각 사별로 또는 부서별로, 인간의 능력으로 도달할 수 있는 최고 수준을 넘어서는 목표를 설정하는데 이것을

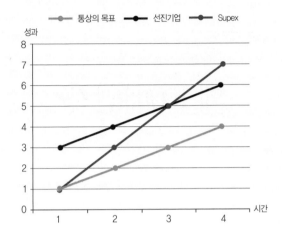

Supex라고 부른다. Supex는 Super Excellent의 줄임말로 최선을 다해 열심히 일하면 도달할 수 있는 목표를 세우지 말고, 아무리 최선을 다해 열심히 노력해도 도달하기 불가능한 목표를 세우라는 뜻이다. 그러면 이런 Supex 목표가 앵커로 작용해 통상적으로 도달 가능한 목표를 세웠을 때보다 훨씬 더 높은 성과를 얻을 수 있다.

02

왜 100배인가?

| 터무니없는 목표가 좋다 |

목표를 너무 높게 잡으면 오히려 부작용이 크다고 생각하는 사람들이 있다. 목표가 너무 높으면 현실성이 떨어지기에 달성하고자 하는 의욕도 떨어질 것이고, 결국 중도에 포기하게 된다는 것이다. 이들은 그렇기 때문에 너무 높은 목표를 설정하면 안 되고, 열심히 노력하면 충분히 성취 가능한 목표를 세워야 한다고 주장한다. 하지만 이는 아무런 이론적 근거가 없는, 이른바 뇌피셜에 불과하다.

경영의 대가들이나 자기계발 관련 전문가들의 의견은 이와 다르다. 이들은 한결같이 앵커링 효과를 강조한다. 앵커링 효과는 이미 검증이 끝난 이론이고, 앵커가 우리 행동에 굉장히 강력한 효과를 발휘한다는 것에는 의심의 여지가 없다.

이와 관련해서 실제로 도움이 될 만한 사례가 있어 소개한다. 《부를 부르는 50억 독서법》이라는 책을 낸 저자의 이야기다. 저자는 서울대학교 국제경제학과를 졸업하고 동양미래대학교에서 교수로 재직하다가, 성공적인 투자를 통해 50억 원을 번 후 은퇴(파이어)했다.

이 책에서 저자는 자신이 어떻게 벤츠 자동차를 사게 되었는지에 대한 이야기를 들려준다. 교수 시절에 저자는 벤츠 자동차를 갖고 싶었다. 하지만 교수가 받는 월급으로 생활을 꾸려가는 것 외에 1억 원 가까이 하는 벤츠를 산다는 것은 언감생심이었다. 그래서 벤츠 자동차를 타는 꿈은 사실상 포기 상태였다.

한 달에 수십 권의 책을 독파하는 다독가(多讀家)였던 저자는 '자기계발서' 또한 수십 권 이상 읽게 되었다. 논문이나 학술서 같은 두껍고 어려운 책을 읽다가 머리가 아플 때마다 머리도 식힐 겸 읽은 책들이 자기계발서였다. 그런데 이 책들에서 한결같이 주장하는 것이 자기가 세운 목표를 잘 보이는 곳에 써 붙여 놓고, 수시로 의식하고 상기하라는 것이었다. 저자는 '나도 한번 해볼까?' 하는 생각에 "벤츠를 타자!"라는 목표를 세운 다음, 이를 종이에 쓰고 벤츠 자동차 사진을 구해서 매일 볼 수 있는 곳에 붙여 놓았다. 그전에는 그냥 무심코 지나쳤던 곳이지만, 그곳에 붙여 놓은 목표와 벤츠 사진을 매일 반복해서 들여다보다 보니 어느 순간 생각이 달라졌다. 저자는 '어떻게 하면 벤츠를 살 수 있을까?' 하고 궁리하게 되었다.

이전에는 그냥 벤츠를 사고 싶다고 생각만 했지만, 이제는 어떻게 하면 벤츠를 살 수 있을지 그 방법을 궁리하게 된 것이다. 그래서 벤츠를 살 수 있는 다양한 방법을 고민했고, 저축만으로는 어려우니 투자를 해야겠다고 생각하고 1억 원을 만들 수 있는 투자방법을 찾기 위해 노력했다. 저자는 결국 3년 만에 1억 원을 만들어 벤츠를 샀고, 이 과정을 설명한 《나는 자기계발서를 읽고 벤츠를 샀다》라는 책을 출판했다.

| 강력한 앵커로 작용할 '100배'라는 목표 |

우리도 이처럼 높은 목표를 세워야 한다. 그 목표가 바로 100배 주식이다. 즉, 주식으로 100배를 만들겠다는 구체적인 목표를 세우면, 그 목표가 강력한 앵커로 작용해서 우리 사고방식과 행동에 영향을 미친다.

적당한 목표를 세우면 그냥 적당히 행동하기 마련이다. 하지만 100배라는 굉장히 이루기 힘든 목표를 세우면, 우리는 이 목표를 이루기 위해 다양한 방법을 연구하게 된다. 책도 더 많이 읽고 공부도 더 많이 하게 된다. 그러다 보면 더욱 강력한 열정이 샘물처럼 솟아오른다. 성공에 대한 열정은 통념이나 학위보다 훨씬 더 강력하다. 이렇게 열정의 탑으로 쌓은 지식은 점점 더 늘어나고, 그에 비례해서 목표를 이룰 수 있는 가능성은 점점 더 높아진다.

《부를 부르는 50억 독서법》의 저자가 그랬듯이, 우리도 100배라는 목표를 세우고(또는 1,000배도 좋다!) 이 목표를 매일 볼 수 있는 곳에 붙여 놓자. 그리고 당차게 첫걸음을 떼어보자.

03

소액이라도 상관없다

| 복리는 큰돈과 작은 돈을 차별하지 않는다 |

투자를 하기에는 너무 소액이라며 망설이는 사람들이 있다. 이런 사람들은 목돈을 어느 정도 만든 다음에 투자하겠다고 생각한다. 하지만 금액과 관계없이 하루라도 빨리 시작하는 것이 중요하다.

워런 버핏Warren Buffett은 어린 시절에 복리의 원리를 터득한 후, 앞으로 돈을 많이 벌 수 있다는 생각에 굉장히 흥분했다고 말한 바 있다. 그는 열 살 때부터 투자해 왔다. 만약 그가 남들처럼 10대와 20대 때 경험을 쌓겠다고 여행을 다니며 아르바이트나 하다가 서른 살부터 투자해서 예순 살에 은퇴했다면 그의 재산은 1,190만 달러, 우리 돈으로 약 150억 원 정도에 불과할 것이라고 한다. 현재 버핏이 가진 재산에 비하면 99.9%나 적은 금액이다.

짐 사이먼스Jim Simons라는 투자자는 1988년 이후 연간 66%의 수익률을 올렸다고 한다. 하지만 현재 그의 재산은 210억 달러로 버핏이 가진 재산의 25%에 불과하다. 연간 수익률이 평균 19.8%인 버핏보다 3배나 높은데 재산은 25%에 불과한 이유는 그가 투자한 기간이 버핏보다 짧기 때문이다. 버핏의 재산은 845억 달러로 이 중에서 99.6%는 쉰 살 이후에 이룬 것이고, 96.5%는 60대 중반 이후에 이룬 것이다. 그만큼 시간이 중요하다. 복리의 효과는 차츰차츰 축적되어 시간이 흐른 후에야 그 진가를 발휘한다.

생태학자인 에드워드 밀러Edward Miller가 든 예를 살펴보자. 종이[5]를 절반으로 35번 접으면 그 두께가 LA에서 뉴욕까지 거리에 해당하고, 42번 접으면 지구에서 달까지 거리에 해당하며, 50번 이상 접으면 지구에서 태양까지 거리에 해당한다고 한다. 결국 중요한 것은 종이의 두께가 아니라 몇 번을 접느냐. 마찬가지로 투자에서도 얼마로 시작하느냐보다 얼마나 빨리 시작하느냐가 더 중요하다.

| 1,341,621,488,877,069달러 vs. 786달러 |

나는 복리와 단리를 비교할 때는 항상 '1,341조 달러 대(對) 786달러'

---

5 종이의 두께는 254분의 1인치, 즉 0.1센티미터.

성장주 패러다임

라는 숫자를 기억하라고 말한다. 내가 복리에 관해 언급할 때마다 등장하는 곳이 있다. 뉴욕의 맨해튼이다. 1626년 네덜란드의 서인도 총독 피터 미누이드Peter Minuid는 인디언으로부터 맨해튼을 단돈 24달러에 사들였다. 인디언들이 이 돈을 연이자율 8%의 복리로 운영했다면 397년이 지난 현재 1,341조 달러로 불어났을 것이다. 반면에 만약 연이자율 8% 단리로 운영했다면, 현재 786달러에 불과할 것이다. 1,341조 달러 vs. 786달러, 이것이 복리와 단리의 차이다. 복리의 효과를 얻으려면 하루라도 빨리 시작해야 한다는 점을 기억하자.

04

개인투자의 강점을 살려라

| 워런 버핏이 피터 린치와 다른 점 |

월스트리트 최고의 투자자가 누구냐고 묻는다면 나는 단연 피터 린치Peter Lynch를 꼽는다. 내 생각에는 워런 버핏보다도 피터 린치다. 왜냐하면 피터 린치는 남의 돈으로 투자했기 때문이다. 워런 버핏은 자신이 통제하는 기업인 '버크셔 해서웨이Berkshire Hathaway'의 돈으로 투자했기 때문에 자기 뜻대로 투자활동을 할 수 있었다. 그러니 주식을 팔고 싶지 않으면 안 팔면 되고, 주식을 사고 싶지 않으면 안 사면 그만이다. 반면에 피터 린치는 '피델리티 자산운용Fidelity International'에서 '마젤란 펀드'를 운용하는 펀드 매니저였다. 자기 돈이 아니었기 때문에 워런 버핏과 비교하면 여러 가지로 제약 조건이 많았다. 예를 들어, 고객들이 환매를 요청하면 자기 의지와 관계없이 주식을 팔아야만 했다.

피터 린치의 저서 《전설로 떠나는 월가의 영웅》은 1987년 10월에 닥친 '블랙먼데이' 이야기로 시작한다. 블랙먼데이 폭락 사태는 그가 아일랜드를 여행 중일 때 일어났다. 블랙먼데이란 1987년 10월 19일 미국의 주가가 하루 만에 22.6%나 하락한 사건을 말한다. 그 당시 나는 미국에서 살고 있었는데, 온갖 뉴스 매체마다 이 사건으로 난리가 났던 기억이 어렴풋하다.

피터 린치가 운용하던 마젤란 펀드 투자자들은 그날 단 하루 만에 자산의 18%를 잃었다. 이렇게 주가가 폭락하면 환매요구가 빗발친다. 그래서 피터 린치는 그날 온종일 아일랜드의 호텔에 처박혀 어떤 종목을 팔아서 환매요구에 대응할 것인지를 본사와 협의해야 했다. 그는 평소에 현금을 충분히 준비해 두었지만, 이례적으로 많은 환매요구에 대비해 현금을 추가로 마련해야만 했다고 이 책의 서문에서 밝혔다. 세상이 망하는 것인지, 나라 전체가 불황에 빠지는 것인지, 아니면 단지 월스트리트만 문을 닫는 것인지 도무지 판단할 수가 없었다는 말과 함께….

반면에 환매요구가 없는 워런 버핏에게 블랙먼데이와 같은 폭락은 주식을 저가에 매수할 절호의 기회를 제공한다. 워런 버핏 하면 코카콜라를 떠올리는 사람들이 많다. 그만큼 코카콜라는 워런 버핏의 대표 종목 중 하나다. 그는 블랙먼데이 사태로 인해 미국 증시가 대폭락하자 코카콜라 주식을 주당 2달러에 사들였다. 패닉셀을 이용한 저가매수에 나선 것이다. 현재 코카콜라의 주가는 60달러 수준이다. 그때 매수한 코카콜라는 워런 버핏에게 배당을 제외하고도 30배 정도의 수익을 안 겨주었다.

펀드 매니저로서 받는 제약에도 불구하고, 피터 린치는 마젤란 펀드를 운용했던 13년간 연평균 수익률 29%라는 경이적인 기록을 세웠다. 특히 그가 펀드를 운용하던 동안에는 단 한 해도 수익률이 마이너스를 기록하지 않았고, 심지어는 블랙먼데이가 있었던 1987년에도 플러스 수익률을 달성했다. 이런 이유로 나는 피터 린치를 최고의 주식 투자자로 꼽는다.

| 모든 개인투자자는 각각의 워런 버핏이다 |

개인투자자인 우리는 펀드 매니저들의 애로를 겪지 않는다. 좋은 성과를 내는 펀드 매니저에게는 점점 더 많은 돈이 들어온다. 그러면 수익률이 높을 것으로 예상되는 중·소형주의 비중이 줄어들 수밖에 없다. 펀드 매니저들은 평가 기준이 되는 코스피나 S&P500에 근접한 수익률을 내야만 본인의 일자리를 지킬 수 있다 보니, 시장 수익률에 근접한 종목 위주로 포트폴리오를 짜야 하기 때문이다. 하지만 개인투자자들은 이런 문제들로부터 자유롭다. 우리는 개인투자자의 이점을 최대한 활용해야 한다. 개인투자자는 포트폴리오의 비중을 조절할 필요가 없으므로 일정한 금액을 구조적 성장주에 집중 투자해야 한다는 것이 나의 주장이다. 지금부터 이에 대해 함께 논의해 보자.

GROWTH STOCK PARADIGM

X100

GROWTH STOCK PARADIGM

2장
___

패러다임의 변화

마산 용마고에 재학 중인 장현석은 2023년 최고의 고등학생 투수다. 초고교급 투수로 평가되며 KBO리그와 메이저리그 스카우터들의 관심을 한 몸에 받았다. 장현석은 신인드래프트에서 전체 1순위 지명이 유력했지만, 미국의 LA다저스와 계약금 90만 달러에 계약하고 메이저리그에 도전하기로 했다. 그는 190cm의 큰 키에 시속 150km 중·후반대의 강속구를 던지며 2023년 고교 무대에서 9경기 중 3승 무패, 평균자책점 0.93, 탈삼진 52개라는 빼어난 성적을 기록했다.

MLB닷컴은 "다저스는 2023년 국제 계약에 필요한 금액의 대부분을 썼기 때문에 장현석 영입을 위해 유망주를 트레이드해 자금을 마련했다"라고 전했다. 그러면서 장현석이 메이저리그에 데뷔하는 시기를 2027년으로 예상했다. 다저스의 입장에서 생각해 보자. 최소한 3년간은 장현석을 활용할 수 없는데도 다저스는 그를 영입하기 위해 10억 원이 넘는 돈을 지불했다. 더구나 유망주를 트레이드해 가면서까지 자금을 마련했다. 이러한 다저스의 결정은 잘못된 것일까? 장현석이 메이저리그에 데뷔하려면 아직 3년이나 남았는데, 그럴 바에는 지금 당장 1승이라도 거둘 수 있는 그저 그런 선수 1명을 영입하는 게 더 현명한 건 아니었을까? 다저스가 잘못된 결정을 내렸다고 생각하는 야구 팬은 아무도 없을 것이다. 지금 당장 1승을 올릴 그저 그런 투수보다는 4년 후에 10승 이상을 책임질 수 있는 투수, 더 나아가서는 20승의 꿈을 꿀 수 있는 투수를 영입하는 게 더 현명하기 때문이다.

그렇다면 주식은 어떨까? 지금 당장 고만고만한 이익을 내서 고만고만한 배당을 주는 종목이 좋을까? 아니면 지금은 비록 적자지만, 4년 후에는 엄청나게 성장할 장현석과 같은 성장주에 투자하는 것이 더 현명할까?

05

좋은 적자

| 적자기업이었던 TCI |

나는 1987년부터 1989년까지 약 2년 3개월간 미국 오하이오주 콜럼버스Columbus에서 살았다. 생각해 보면 그 당시 주위에서 케이블TV에 가입하지 않은 집이 거의 없었던 것 같다. 그 정도로 케이블TV는 미국에서 한때 굉장한 성장산업이었다.

케이블TV 회사에서 가장 크게 드는 비용은 콘텐츠를 구매하거나 제작하는 비용이다. 케이블TV 회사는 콘텐츠 제작사로부터 콘텐츠를 구매해 가입자들에게 제공한다. 이런 콘텐츠 구입비가 케이블TV 회사 전체 비용의 약 40%나 된다고 한다. 그런데 콘텐츠 구매비용은 케이블TV 가입자가 많든 적든 상관없이 거의 일정하다. 예를 들어, 가입자가

100만 명인 케이블TV 회사가 드라마 〈오징어게임〉의 방영 권리를 1억 원에 구입했다면, 가입자가 10만 명인 케이블TV 회사도 이 드라마의 방영 권리를 구입할 때 대략 1억 원을 지불해야 한다.

이는 곧 케이블TV 회사 입장에서는 가입자가 더 늘어나면 늘어날수록 가입자당 투입되는 편성 금액이 점점 줄어든다는 것을 뜻한다. 예를 들어, 어떤 콘텐츠의 구입비용이 1억 원인데 가입자가 100만 명이면 가입자당 콘텐츠 구입비가 100원이지만, 가입자가 10만 명이면 가입자당 프로그램 구입비가 1,000원이다. 그렇기 때문에 케이블TV 회사 입장에서는 가입자를 늘리는 것이 가장 중요하며, 규모가 작은 회사보다는 규모가 큰 회사가 훨씬 더 경쟁력이 있다.

달리 표현하면, 규모가 큰 케이블TV 회사는 규모가 작은 케이블TV 회사를 계속 인수해서 규모를 더 키워야 하고, 더 많은 케이블TV회사를 인수하면 할수록 가입자당 편성금액이 더 내려가서 경쟁력이 생긴다.

다음 경우를 생각해 보자. A와 B, 2개의 케이블TV 회사가 있다. 이 두 회사는 가입자 수도 비슷하고, 매출도 비슷하다. 그런데 두 회사의 경영전략은 완전히 다르다.

A회사의 경영진은 가입자 수를 늘리기 위해 소규모 케이블TV 회사를 끊임없이 인수하고 설비에 계속 투자한다. 덕분에 가입자 수가 계속 늘어난다. 하지만 B회사의 경영진은 그냥 현상유지만 한다. 둘 중 어느 회사에 투자해야 할까?

먼저 A회사와 B회사의 재무상태를 살펴보자. A회사는 규모의 경제를 실현하기 위해 소규모 케이블TV 회사를 계속 인수해 나간다. 이를 위해서는 인수 자금이 필요하다. 설비 투자도 많이 한다. 그래서 은행에서 많은 자금을 차입한다. 감가상각 규모도 크기 때문에 항상 적자다. 재무제표를 보면 차입금은 늘어나고 순이익은 마이너스다.

하지만 B회사는 다른 케이블TV 회사를 인수하지 않고 그냥 현상유지만 하니까 자금 소요가 크지 않다. 그래서 은행에서 돈을 빌릴 필요도 없고, 감가상각 규모도 크지 않기 때문에 순이익은 플러스이고 유보금도 늘어난다. 주주들에게 배당도 잘해 준다. 그러니까 B회사에 투자해야 할까?

그로부터 몇 년이 지났다. A회사는 현금흐름이 좋아지면서 주가가 많이 올랐다. 반대로 B회사는 현금흐름이 나빠지면서 주가가 떨어졌다. 왜 그럴까? A회사는 부채도 많은 데다 적자였고, 반대로 B회사는 부채도 없고 흑자였다. 그런데 왜 주가는 반대일까?

이 사례는 내가 지어낸 것이 아니라 미국에서 실제로 있었던 사례다. A회사는 'TCI'라는 케이블TV 회사다. TCI의 CEO였던 존 말론John Malone은 회사 경영에서 주당순이익EPS이 절대적인 지표가 아니라는 사실을 알아냈다. 그는 케이블TV 사업에서 가치 창출의 핵심은 '금융차입금'과 '콘텐츠 제작사들에 미치는 영향력'이라는 것을 깨달았다.

첫째로, 금융차입금이 왜 중요할까? 케이블TV 회사는 콘텐츠 제작사로부터 콘텐츠를 구입해서 가입자에게 제공한다. 그런데 앞에서 말했듯이, 가입자가 늘어나면 늘어날수록 가입자당 투입되는 편성 금액은 점점 더 줄어든다. 즉, 더 경쟁력이 생긴다. 가입자 수를 늘리는 가장 좋은 방법은 다른 케이블TV 회사를 인수하는 것이다. 그러려면 자금이 필요하기 때문에 금융차입금이 중요하다.

둘째로, 콘텐츠 제작사에 미치는 영향력이 왜 중요할까? 그 이유는 좋은 콘텐츠를 보유하는 것이 케이블TV 회사의 경쟁력이기 때문이다. 드라마 〈오징어게임〉을 다시 예로 들어보자. 이 드라마는 세계적인 히트를 기록했으며, 수많은 시청자가 이 드라마를 보고 싶어 했다. 그런데 만약 A라는 케이블TV 회사가 〈오징어게임〉을 만든 제작사와 독점 관계를 맺고 있다면, 〈오징어게임〉은 오로지 A회사의 채널에서만 볼 수 있다. 그러면 사람들이 〈오징어게임〉을 보기 위해 A회사로 몰려올 것이고, 그만큼 가입자가 늘어날 것이다.

바로 이 점이 케이블TV 회사가 콘텐츠 제작사에 미치는 영향력이 중요한 이유다. 이러한 영향력도 결국 회사의 규모와 관련이 있다. 케이블TV 회사의 규모가 커질수록 콘텐츠 제작사와 더 밀접한 관계를 맺을 가능성이 커진다.

그래서 TCI의 존 말론은 은행에서 거액의 돈을 차입한 후 경쟁 케이블TV 회사들을 계속 인수해 나갔다. 그 과정에서 은행 부채가 늘어났고 자산의 상각도 큰 규모로 이루어졌으며, 주당순이익도 악화되었다. 하지만 시간이 지날수록 규모를 키운 효과가 나타나기 시작했다. TCI는 1970년에 기업공개를 한 이후에도 소규모 케이블TV 회사들을 계속 인수했고, 1981년에는 마침내 미국 최대 케이블TV 회사로 성장했다. 그리고 1999년에는 AT&T와 합병을 단행했다.

누군가 만약 1973년에 TCI에 1달러를 투자했다면, 1999년에 AT&T와 합병할 당시에 933달러를 회수할 수 있었다. 무려 933배의 수익을 얻

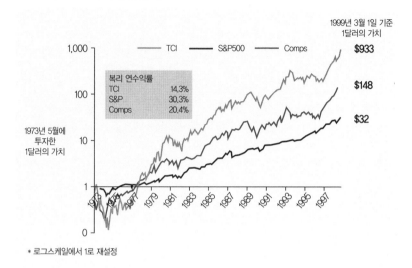

1999년 3월 1일 기준
1달러의 가치

복리 연수익률	
TCI	14.3%
S&P	30.3%
Comps	20.4%

1973년 5월에
투자한
1달러의 가치

* 로그스케일에서 1로 재설정

출처: 「TCI연차보고서」, 증권가격연구센터.

을 수 있었던 것이다. 그 당시 수익률을 계산해 보면 S&P500의 연평균
수익률이 14%였는데, TCI의 연평균수익률은 S&P500의 2배가 넘었다.

TCI는 주식투자에서 하나의 커다란 이정표를 세웠다. TCI 이전의
투자자들에게 가장 중요한 지표는 '주당순이익'이었다. 그런데 금융차
입금이 늘어나고 상각이 커지면서 주당순이익이 악화되었고, 투자자
들이 이런 회사를 거들떠볼 리가 없었기에 TCI는 철저히 소외되었다.
하지만 나중에 보니 TCI는 경쟁사를 전부 물리치고 압도적인 1등 회사
로 성장해 있었다. 그 이후로 투자자들은 주당순이익이나 적자 또는 흑
자 여부만으로 주가를 설명할 수 없다는 것을 깨닫게 되었다.

| 캐피털 시티스 vs. CBS |

워런 버핏이 비즈니스 스쿨에서 강연할 때면 종종 벌어지는 캐피털 시티스Capital Cities 방송사와 CBS 방송국 간의 경쟁을 두고, 세간에서는 나룻배와 초호화 유람선 퀸엘리자베스2호 간의 대서양 횡단 경주에 비유하곤 한다.

톰 머피Tom Murphy가 캐피털 시티스를 인수했을 당시 이 회사의 가치는 500만 달러에 불과했던 반면에, CBS의 가치는 5억 달러로 캐피털 시티스의 가치가 CBS의 100분의 1에 불과했다. 하지만 결국은 나룻배가 퀸엘리자베스2호를 따라잡는 기적이 발생했는데, 톰 머피가 사용한 방법은 의외로 간단했다. 매력적인 수익성을 가진 업종에 집중하고, 부채를 써서 대형 사업체를 인수해 경영을 개선한 다음 부채를 갚는 것이었다. 그리고 이를 반복하는 것이었다.

그 결과 캐피털 시티스는 CBS의 최대 경쟁사인 ABC 방송국을 인수했고, 캐피털 시티스의 기업 가치는 70억 달러로 치솟았다. 반면에 CBS의 가치는 여전히 20억 달러에 불과했다. 톰 머피가 사용한 방법은 TCI의 존 말론이 사용한 방법과 동일하다. 적자인지 흑자인지보다, 부채의 유무나 규모보다 중요한 것이 있다. 바로 얼마나, 어떻게 성장하느냐 하는 것이다.

| 쿠팡 vs. 이마트 |

2010년 설립된 '쿠팡'은 소셜커머스로 서비스를 시작했다. 소셜커머스는 SNS를 활용한 이커머스eCommerce를 말한다. 일정 수 이상의 소비자들이 어떤 상품을 구매할 경우 할인을 제공하는 플랫폼이다. 해당 상품을 구매하는 소비자의 수가 일정 기준을 넘어야 할인을 받을 수 있기 때문에, 소비자가 SNS를 통해 자발적으로 해당 상품을 홍보한다는 콘셉트다. 예를 들어, 20명 이상이 구매하면 티켓 값을 50% 할인해 주는 뮤지컬이 있다고 하자. 그러면 평소에 이 뮤지컬을 보고 싶어 하던 사람들은 표가 20장 이상 팔리도록 스스로 주위에 홍보하게 된다. 2008년 미국의 시카고에서 출발한 '그루폰Groupon'이 소셜커머스의 원조라고 할 수 있다.

소셜커머스에서 통상의 이커머스 플랫폼으로 사업 방향을 변경한 쿠팡은 2014년 익일배송을 내세운 '로켓배송'을 도입했다. 이로써 택배업체를 사용하지 않는 최초의 이커머스 회사가 되었다. 다른 택배 업체와 비교해 직원들에게 우월한 급여 조건을 내세웠고, 빠른 배송과 친절을 내세워 고객 만족도를 높인다는 전략을 세웠다. 쿠팡은 지속적인 투자유치를 통해 투자금을 늘려갔다. 2014년에는 미국 '세쿼이어 캐피털Sequoia Capital'로부터 1억 달러를, '블랙록Blackrock'으로부터 3억 달러를, 2015년에는 '소프트뱅크Softbank'의 손정의 회장으로부터 10억 달러를 약속받아 본격적인 성장궤도에 진입했다. 특히 손정의 회장의 투자로 인해 쿠팡의 기업가치가 '이마트'와 비슷하다는 분석까지 나왔다.

이렇듯 쿠팡이 일취월장으로 크게 성장하는 동안 경쟁업체인 이마트는 소극적인 대응에 그쳤다. 당시 이마트의 전략은 아무것도 하지 않는 것이었다. 쿠팡이 매년 엄청난 적자를 감수하면서 공격적으로 투자를 늘리는 모습을 보며, 결국은 시기의 문제일 뿐 적자 규모를 감당하지 못해 무너질 테니 그냥 구경하면 된다는 것이 이마트 경영진의 생각이었다. 그럼에도 불구하고 쿠팡은 공격적인 투자를 계속 이어갔고, 당일배송과 같은 혁신적인 서비스를 완성하면서 소비자 만족도를 높여갔다.

여기서 생각해 보자. 주식투자자로서 당시 우리가 투자했다면 둘 중 어느 회사에 투자했어야 할까? 당시 1등이면서 꾸준히 이익을 창출하던 이마트에 투자했어야 할까? 아니면 대규모 적자를 기록 중이지만 미래에 1등이 될 가능성이 매우 큰 쿠팡에 투자했어야 할까?[1]

우선 두 회사의 주가를 살펴보자. 옆 페이지 상단의 차트는 2023년 8월 기준 이마트의 최근 5년간 주가다. 보다시피 주가가 바닥을 모르고 계속 하락하고 있다. 이렇게 주가가 지속적으로 하락하는 이유는 투자자들이 이마트의 향후 성장성에 의심을 품고 있기 때문이다. 최근에 적자로 돌아선 것도 물론 큰 이유다.

쿠팡도 상장 후 주가가 폭락한 것은 이마트와 마찬가지 아니냐고 하는 사람도 있겠지만, 두 회사의 차트에는 하늘과 땅만큼 큰 차이가 있다. 쿠팡은 미국에 상장할 당시 높은 기대감으로 많은 돈이 몰리면서

---

1   당시 쿠팡은 주식시장에 상장하기 전이어서 장외시장에서만 거래가 가능했다.

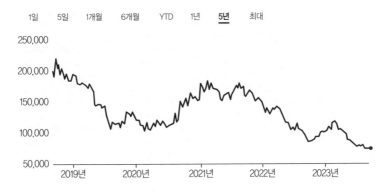

■ 쿠팡의 상장 후 주가

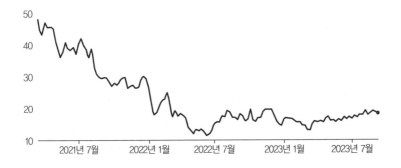

고평가 논란에 휩싸였다. 그 후 주식시장의 전반적인 약세라든가 물류 센터의 화재와 같은 요인으로 인해 주가가 지속적으로 하락했다. 하지만 중요한 점은 2022년 6월을 기점으로 2023년 8월까지 주가가 약 60% 상승했다는 것이다. 쿠팡은 2022년 3분기부터 흑자로 돌아섰고 이를 반영하듯 2022년 여름 이후로 주가가 꾸준히 상승하고 있다. 향후 실적이 점점 더 좋아지면서 주가가 지속적으로 상승할 가능성이 크다.

반면에 이마트는 지금도 신저가 수준으로 하락하고 있다. 시가총액을 보면 그 차이가 더 명확하다. 쿠팡은 시가총액이 약 42조 원인데 반해, 이마트의 시가총액은 2조 원에 불과하다. 불과 몇 년 전만 해도 두 회사의 가치가 비슷하게 평가되었는데, 몇 년 사이에 그 차이가 21배나 벌어졌다. 그 이유는 물론 성장성이다.

이제 쿠팡과 이마트 간의 경쟁은 끝났다. 이마트는 아마도 영원히 쿠팡을 따라잡지 못할 것이다. 기업 간의 경쟁에서는 한번 격차가 벌어지면 영원히 따라잡기 어려운 경우가 대부분이다. 일본의 전자업체들이 삼성전자를 따라오기 어려운 이유도 마찬가지다. 쿠팡은 강력한 시장 지위를 바탕으로 이마트와의 격차를 더욱 크게 벌려 나갈 것이다.

이제 앞에서 했던 질문으로 다시 돌아가 보자. 몇 년 전으로 돌아간다면 주식투자자로서 우리는 어느 기업에 투자했어야 할까? 당시 1등이면서 꾸준히 이익을 창출하고 있는 이마트에 투자했어야 할까? 아니면 대규모 적자를 기록 중이지만 미래에 1등이 될 가능성이 매우 큰 쿠팡에 투자했어야 할까?

그 답은 명확하다. 과거의 패러다임에 빠져서 지금 당장 눈앞에 보이는 실적만을 기준으로 투자하면 안 된다는 점을 다시 한번 강조하는 바다.

| 고평가 상장 논란 |

유튜브에서 보면 신규상장 주식 정보를 제공하면서 청약 여부에 관해 조언해 주는 채널들이 많다. 그런데 '파두'의 신규상장 일정이 뜨자이 채널들 대부분이 청약하지 말라는 분위기였다. 그 첫 번째 이유는 공모주가 실적 대비 고평가되어 있다는 것이었고, 두 번째 이유는 상장후 유통물량이 많다는 것이었다.

물론 이 말이 맞을 수도 있지만, 다른 관점에서 볼 필요도 있다. 그들의 말대로 오버행 물량 때문에 주가가 흔들릴 수도 있다. 그렇지만 중장기 투자자에게는 오버행 물량이 큰 문제가 되지 않는다. 따라서 여기서는 '고평가'에 초점을 맞춰 설명하겠다.

우선 파두의 PER(주가수익비율)을 계산해 보자. 아래 표에서 보다시피, 파두의 PER은 2023년 추정 순이익 기준으로 무려 931배다. 터무니없이 고평가되어 있다고 할 수 있다.

그러면 PSR(주가매출비율)은 어떨까? PSR은 주가를 주당 매출액으로 나눈 것을 말한다. 기업의 성장성에 초점을 맞춰 저평가된 종목을 발굴

■ **파두의 2023년 PER**

공모가	가격	시가총액	2023년 추정순이익	PER
상단	31,000원	1조 4,898억 원	16억 원	931
하단	26,000원	1조 2,495억 원		781

출처: 유튜브 채널 '경제적자유민족'.

하는 데 쓰이는데, 이 수치가 낮을수록 저평가되었다고 본다. PSR 지표를 이용해서 파두와 'SK하이닉스'를 비교해 보자.

아래 표를 보면 2023년 기준 SK하이닉스의 PSR은 3.3인데, 파두의 PSR은 무려 12.4다. 이 지표만 보면 파두가 SK하이닉스에 비해 약 4배 고평가되어 있다.

만약 SK하이닉스와 파두의 회사 규모 차이가 너무 커서 비교대상으로 적합하지 않다고 생각한다면, 국내 1위 팹리스 업체인 'LX세미콘'과 파두를 비교해 볼 수 있다. 아래 표를 보면 동종업종에 속하는 LX세미콘의 PER은 7.85배에 불과한 반면, 파두는 공모가 상단을 기준으로 할 때 931배다. 무려 80배나 고평가되어 있다. 이런 이유로, 공모주에 대

■ 파두와 SK하이닉스의 2023년 PSR 비교

종목명	주가 (2023.7.19)	시가총액	2023년 예상매출액	PSR
SK 하이닉스	117,500원	855,403억 원	259,646억 원	3.3
파두	31,000원	14,898억 원	1,203억 원	12.4

출처: 유튜브 채널 '경제적자유민족'.

■ 파두와 LX세미콘의 PER 비교

구분	LX세미콘	파두	
순이익(2022년)	2,337억 원	16억 원(2023년 추정)	
시가총액 (2023.7.21)	18,346억 원	12,495억 원 (하단)	14,898억 원 (상단)
PER	7.85	781	931

출처: 유튜브 채널 '주식애소리'.

한 정보를 제공하는 유튜브 채널들에서는 파두의 공모주 청약에 대부분 부정적이었다.

그 때문인지 파두는 상장 첫날 공모가에서 약 15% 하락한 26,500원으로 거래를 시작했지만, 그 이후 꾸준히 상승하여 9월 중순에는 최고 47,000원까지 상승했다. 외국계 증권사인 '모건 스탠리Morgan Stanley'에서는 적정가를 5만 원 이상으로 제시하기도 했다. 31,000원도 엄청난 고평가라고들 했는데 모건 스탠리는 왜 적정가를 5만 원 이상이라고 했을까?

시장조사업체 '옴디아'는 LX세미콘이 만드는 DDI(디스플레이 구동칩)의 시장규모가 2021년 138억 달러에서 2029년 78억 달러로 축소될 것으로 전망했다. 그렇지만 서버용 SSD 시장은 2020년 172억 달러에서 2025년 336억 달러 규모로 성장할 것으로 예측했다. 이렇듯 두 시장의 성장속도와 방향은 완전히 다르다. 서버용 SSD 시장은 크게 성장하는 반면에 DDI 시장 규모는 급격히 축소되고 있다. 이런 경우에는 PER과 같은 지표를 사용하는 것이 아무런 의미도 없다.

내가 유튜브 채널 '815머니톡'에 출연했을 때 임수열 사장님이 이런 말을 했다. 미국의 비디오체인점 '블록버스터Blockbuster'가 파산하기 직전에도 PER 등 투자지표는 아주 매력적이었다는 것이다. 이와 반대로 '넷플릭스Netflix'의 투자지표는 형편없었을 것이다. 대규모로 투자를 감행하던 시기였기 때문이다. 그러면 우리는 넷플릭스 대신 블록버스터에 투자했어야 할까? 그랬다가는 투자금을 전부 날렸을 것이다.

어떤 기업에 투자할 때는 해당 산업과 해당 기업이 성장하느냐가 핵심이지, PER 등 투자지표가 핵심이 아니다. 그런데 투자자들은 종종 본말전도(本末顚倒), 즉 뿌리와 잎사귀를 구분 못 하는 과오를 범하곤 한다.

파두는 2022년 SSD 컨트롤러의 매출이 발생하면서부터 전년 대비 매출이 10배나 성장했다. 성장속도가 아주 빠르다.

아래 표에 의하면, 파두의 2023년 예상 매출액은 1,200억 원에 불과하지만, 2024년 예상 매출액은 3,715억 원으로 늘어나고, 2025년도 예상 매출액은 6,195억 원으로 늘어날 것으로 예상된다. 매출액 증가율을 살펴보면 각각 113%, 208% 그리고 67%다.

매출액이 몇십억, 몇백억씩 하는 회사들이 100%씩 성장하는 경우는 있지만, 파두와 같이 매출액이 1,000억 원이 넘는 기업이 이렇게 매년 100%, 200%씩 성장하는 사례는 거의 유례가 없다. 이는 파두의 성장성이 그만큼 뛰어나다는 것을 뜻한다. 파두의 압도적인 성장성을 높게 평가했기 때문에 고평가 논란에도 불구하고 모건 스탠리에서는 높은 목표 주가를 제시했고, 그렇게 주가가 상승할 것으로 예상한 듯하다.

■ 파두의 예상 매출액 및 순이익

구분	2023년	2024년	2025년
매출액	1,200억 원	3,715억 원	6,195억 원
매출액 증가율	113%	208%	67%
순이익	16억 원	948억 원	1,900억 원
순이익 증가율	흑자전환	5,825%	100%

출처: '파두' 증권신고서.

성장주 패러다임

| 좋은 적자를 알아보는 눈을 키워라 |

기업의 이익이 적자인지 흑자인지는 물론 중요하다. 하지만 이것이 주식을 선택할 때 절대적인 기준은 아니다. 흑자인 기업 중에서도 투자해서는 안 되는 기업이 있고, 적자인 기업 중에서도 투자해야 하는 기업이 있다.

과거에 은행에서 돈을 빌리기 어렵거나 자금을 조달하기 어려운 시절에는 흑자를 내는 것이 중요했다. 하지만 지금은 자금이 없어서 사업을 못 하는 시대는 아니다. 기업이 성장성만 충분히 입증한다면 얼마든지 자금을 조달할 수 있다. 내가 유튜브 주식 방송에서 '루닛'을 소개한 후 가장 많이 달린 댓글은 '적자기업에는 투자하지 않는다'는 것이었다. 이런 마인드를 가진 투자자들은 그 당시 주가가 10배 이상 오르는 텐배거 주식인 루닛을 매수할 기회를 놓쳤다.

1992년에 우리나라 주식시장의 시대정신은 '저PER' 주였다고 앞서 이야기했다. 이러한 도도한 시대의 흐름을 무시한 채 기존의 관습에 젖어 금융, 건설, 무역의 트로이카 종목에 집착했던 투자자들은 큰 손실을 봤다는 내용도 언급했다. '㈜대우'라든가 '제일은행'과 같은 대표적인 무역, 금융주가 쓰러졌고, 그 당시 최고의 증권사라는 '대우증권'도 훗날 '미래에셋증권' 흡수되었다. '현대건설'도 사실상 부도가 난 채로 채권단에 넘어갔다가 현대차그룹에 인수되었다.

지금도 마찬가지다. 투자의 패러다임이 바뀌었다. 새로운 패러다임에 적응해야 한다. 2020년대를 지배하는 패러다임은 성장성이다. 요즘

펀드 매니저들은 1990년대에 우리나라 주식시장을 지배했던 저PER 주를 매수하지 않는다. 저PER 주는 대부분 사양산업에 속한 업종에 몰려 있고, 이들은 이런 기업들이 보유한 현금을 계속 소진하다가 사라질 것으로 보기 때문에 투자하지 않는다. 부디 이런 기업을 저평가되었다고 여겨 가치주라는 이름으로 매수하지 않기를 바란다.

반면에 새로운 성장산업은 이제 막 태동한 산업일 가능성이 크다. 인공지능이나 로보틱스 또는 우주항공과 같은 산업이 여기에 속한다. 산업이 태동기에 속하기 때문에 이 업을 영위하는 기업들도 최근에 설립되어 역사가 짧을 가능성이 크다. 그러니 적자인 게 당연하다. '마이크로소프트Microsoft', '삼성전자', '애플Apple', '아마존Amazon' 모두 설립 초창기에는 적자였다는 점을 염두에 두자.

06

압도적인 성장성

| 매력 없는 아마존 재무제표, 주가는 왜 폭발했을까? |

글로벌 이커머스 업체인 아마존의 영업이익을 살펴보면 2011년 8억 6,200만 달러, 2012년 6억 7,600만 달러, 2013년 7억 4,500만 달러, 2014년 1억 7,800만 달러로 계속 줄어들었다. 영업이익률도 마찬가지다. 2011년 1.79%, 2012년 1.11%, 2013년 2.0%, 2014년 0.2%로 계속 낮아졌다.

영업이익도 계속 줄어드는 데다 영업이익률도 계속 낮아지니, 재무제표로 봤을 때는 투자하기에 별 이점이 없는 회사다. 하지만 다들 알다시피 아마존의 주가는 폭발적으로 상승했다. 재무제표는 엉망인데 주가는 왜 올랐을까?

　　　　　　　　　　　　　　(단위: 100만 달러)

구분	2011년	2012년	2013년	2014년
매출 (전년대비성장률)	48,077 (39.82%)	91,093 (27.07%)	74,452 (21.87%)	88,968 (19.52%)
영업이익 (전년대비성장률)	862 (1.79%)	676 (1.11%)	745 (1.00%)	178 (0.20%)

출처: 크리스토퍼 메이어, 《100배 주식》, 워터베어프레스.

이 재무제표를 보고 애널리스트인 톰슨 클락Thompson Clark은 다음과 같이 말했다.

"여기서 정말 중요한 것은 아마존이 원했다면 수익을 낼 수 있었다는 것이다. 만약 수익을 낼 수 있음을 보여 주고 싶었다면 가능했겠지만 아마존은 그러지 않았다.
비전문가들은 아마존에 관심을 가졌다가도 수익성이 없다는 이유로 신경을 꺼버렸을 것이다. 그런데 만약 R&D 비용을 제외했다면, 즉 실제로 설비에 투자한 비용을 제외했다면 아마존의 수익성이 얼마나 좋은지 알 수 있었을 것이다."

클락은 실제로 영업이익에 R&D 비용을 더한 조정영업이익률과 조정세전이익률을 통해, 아마존의 실적이 얼마나 가파르게 상승하고 있는지를 보여주었다. 다음 표의 조정영업이익과 조정세전이익률에서 보다시피 아마존의 성장 속도는 굉장히 빨랐다. 즉, 아마존이 설비투자를 공격적으로 하지 않고 적당히 했다면 영업이익이 상당히 많았을 것

■ 아마존의 조정영업이익 및 조정세전이익률 (단위: 100만 달러)

구분	2011년	2012년	2013년	2014년
매출 (전년대비성장률)	48,077 (39.82%)	91,093 (27.07%)	74,452 (21.87%)	88,968 (19.52%)
영업이익 (전년대비성장률)	862 (1.79%)	676 (1.11%)	745 (1.00%)	178 (0.20%)
R&D 비용 추가 조정영업이익 (조정세전이익률)	2,909 3,771 (7.81%)	4,564 5,240 (8.58%)	6,585 7,310 (9.82%)	9,275 9,453 (10.62%)

출처: 크리스토퍼 메이어, 《100배 주식》, 워터베어프레스.

이다.

아마존 CEO인 제프 베이조스Jeff Bezos는 원하면 얼마든지 영업이익을 늘릴 수 있었지만, 미래의 성장을 위해 현재의 수익을 포기했다. 아마존은 무척 빠른 속도로 물류센터를 확장하고, 아마존 프라임 서비스와 같은 고객 만족 서비스를 늘리기 위해 설비에 많은 투자를 감행했다. 그에 따라 R&D 비용이 과도하게 집행되었다.

만약 아마존이 과감하게 투자하지 않고 적당히 투자하면서 주주들에게 배당을 줬다면 주가가 더 올랐을까? 나는 그렇지 않았을 거라고 생각한다.

투자자들이 아마존을 높게 평가한 이유는 압도적인 성장성 때문이다. 미래의 성장성은 지금의 공격적인 투자를 통해 실현된다. 투자자들은 비록 아마존이 현재는 충분히 이윤을 내고 있지 않지만 공격적인 투자를 계속해 향후 미국의 이커머스 시장을 지배할 것이고, 그렇게 되면 얼마나 많은 수익을 창출할 것인지를 기대하고 있다.

아마존이 소극적으로 경영한다면 어떻게 될까? 경쟁자가 나타날 것이고, 그러면 투자자들은 아마존의 해자가 훼손될지도 모른다고 생각할 것이다. 만약 아마존이 과감하게 투자하지 않았다면, 투자자들은 오히려 아마존의 미래를 불확실하게 보고 높은 가치를 인정하지 않았을 가능성이 크다.

다시 한번 강조한다. 지금 주식시장의 시대정신은 성장성이다. 성장성이 큰 주식에 관심을 갖자.

07

유상증자

| 10배 오른 루닛의 유상증자 의미 |

성장주의 유상증자를 바라보는 시각도 바뀌고 있다. 기존에는 유상증자를 하면 가치가 희석된다는 면에만 초점을 맞췄지만 지금은 사안별로 다르게 평가하는 게 시대적 흐름이다. 성장주가 제대로 성장하기 위해서는 해당 기업이 투자를 계속해야 하고, 그러려면 자금이 필요하며, 자금을 조달하기 위해서는 유상증자를 해야 한다. 따라서 성장을 위한 유상증자를 나쁘게 볼 필요는 없다.

하지만 예를 들어, 부채를 상환하려는 목적의 유상증자는 회사의 성장과는 관계가 없다. 그렇기 때문에 이런 유상증자는 부정적이다. 결국 유상증자도 성장을 위한 것인지, 아니면 다른 의도가 있는 것인지 사안별로 구분해야 한다.

루닛이 주주배정 유상증자를 한다고 해서 종목토론방이 발칵 뒤집힌 적이 있다. 증권 방송마다 이 이벤트가 악재인지 호재인지를 두고 갑론을박이 벌어졌다. 심지어는 루닛의 주가가 하한가를 기록할 거라고 예측하는 황당한 전문가도 있었다.

하지만 이 문제는 논쟁할 만큼 복잡하지는 않다. 루닛은 의료 AI분야 글로벌 1위 사업자다. 그렇기 때문에 많은 경쟁자가 루닛을 따라잡기 위해 호시탐탐 기회를 노리고 있다. 이에 대응하는 루닛의 전략은 명쾌하다. 더 빠르게 기술을 고도화하고, 더 빠르게 성장해서 후발주자들이 따라오기 어렵도록 격차를 벌리는 것이다. 이를 위해서는 투자를 계속해야 하고, 그러려면 자금이 필요하기 때문에 유상증자를 해야만 한다.

그런데 만약 주주들이 싫어한다고 해서 유상증자를 하지 않으면 어떻게 될까? 경영진들은 회사의 현금흐름 범위 내에서만 자금을 지출해야 하니, 소극적으로 경영활동을 하게 될 것이다. 그러면 적극적으로 경영활동을 펼치는 후발주자에게 따라잡힐 수밖에 없다. 소극적이었던 케이블TV 회사들이 공격적인 TCI에 밀려서 존재감이 없어진 사례와 마찬가지다. 이렇게 되면 루닛은 아마도 시장에서 도태될 것이다. 그런 관점에서 볼 때 만약 루닛이 유상증자를 하지 않는다면 미래가 없기 때문에 오히려 이 주식을 팔아야 한다.

결국 루닛의 유상증자는 공격적인 경영을 통해 후발주자들이 따라오지 못하도록 치고 나가겠다는 것이고, 이를 통해 글로벌 1등자리를 굳건히 지키겠다는 뜻이다. 따라서 루닛의 유상증자는 당연하다. 유상증자는 하지도 못하게 하면서 1등 자리는 지키라고 경영진에게 요구하는 행위는 연목구어(緣木求魚), 즉 나무에 올라가서 물고기를 얻으라고 하는 것과 마찬가지다. 성장주의 유상증자를 부정적으로 보던 시대는 지나갔다.

GROWTH STOCK PARADIGM

3장

구조적 성장주에
투자해야 하는 이유

성장주 중에서도 특히 구조적 성장주에 투자해야 한다. 그래야 초과
수익을 얻을 수 있다. 성장주는 통상적으로 PER 배수가 높다. 그래
서 선뜻 손이 나가지 않는다. 혹시라도 주가가 하락하면 다른 주식
들보다 더 위험하다고 생각하기 때문이다. 하지만 사실은 정반대다.
흔히 배당주나 가치주가 안전한 투자라고 생각하지만, 가장 안전한
주식은 구조적 성장주다. 구조적 성장주는 회사가 계속 성장하기 때
문에 시간이 갈수록 매출과 영업이익이 증가한다. 따라서 다른 어떤
주식보다도 주가가 상승할 확률은 더 크고, 하락할 확률은 더 작다.

08

왜 구조적 성장주인가?

| 구조적 성장주란 무엇인가? |

구조적 성장주는 시간이 갈수록 회사가 계속 성장한다는 의미이기 때문에 설사 지금 약간 비싸게 산다고 해도 언젠가는 지금 가격이 저렴하게 느껴질 때가 온다. 그래서 주가가 더 오를지, 떨어질지를 걱정할 필요가 없고 언제 오를지만 생각하면 된다.

다음 페이지의 차트는 상장한 이후부터 최근까지 애플의 주가를 나타낸 것이다. 애플은 2003년 이후 꾸준한 성장세를 지속해 온 전형적인 구조적 성장주다. 애플의 순이익률은 1%대 초반을 헤매다가 2003년 이후 큰 폭으로 성장해 2011년에는 24%까지 꾸준히 상승했다. 매출도 견고해지고 영업이익도 늘어나면서 영업이익이 연평균 114%씩

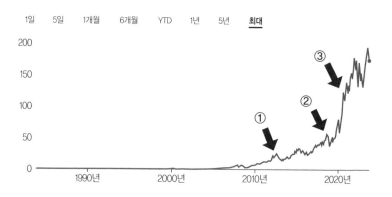

■ 애플의 주가

(단위: 달러)

출처: 구글 금융.

상승하는 구조적 성장을 거듭했다. 그 이후로도 애플은 플랫폼 사업자로서 위력을 발휘하며 구조적 성장세를 이어갔다.

　이 시기에 누군가 애플 주식을 샀다고 하자. 만약 ①지점에서 샀다면 단기적으로는 고점에서 산 것이 되어 물렸다고 볼 수 있다. 하지만 애플 주식은 시간이 지나면서 ①을 뛰어넘어 더 높은 가격을 유지했다. 만약 누군가가 ②지점에서 샀다면 역시 물렸다고 볼 수 있다. 하지만 시간이 지나면서 주가는 다시 ②를 넘어서 더 올라갔다. 마찬가지로 누군가가 ③지점에서 주식을 샀다면 단기적으로는 물린 상태다. 하지만 애플은 구조적 성장을 계속하면서 머지않아 ③지점의 주가를 넘어섰다. 구조적 성장주는 지금 당장은 물렸다고 할지라도 시간이 지나면 주가가 다시 상승한다. 따라서 구조적 성장주에 투자하는 것이 가장 안전하며, 주가가 꾸준히 상승하기 때문에 상대적으로 높은 수익을 기대할 수 있다.

09

구조적 성장주가
상승할 수밖에 없는 이유

| 성장주는 미래의 고배당주 |

구조적 성장주는 반드시 상승할까? 나는 그렇다고 생각한다. 그 이유를 지금부터 함께 알아보자.

1990년대에 구조적 성장주 중 하나였던 '삼성화재(그 당시는 안국화재)'를 살펴보자. 1990년대 초반에 삼성화재의 주가는 액면가 500원을 기준으로 할 때 약 4,000원이었다. 누군가가 그 당시 삼성화재에 1,000만 원을 투자했다고 가정하면 2,500주를 매수했을 것이다. 그 후 삼성화재는 예상대로 크게 성장했고, 안정기에 접어든 후부터는 배당을 많이 하기 시작했다. 최근에는 주당 1만 원씩 배당한다.

그러면 한번 생각해 보자. 삼성화재 주식이 1990년대 이후로 오르

■ 삼성화재의 주가 변화(1992년, 2022년)

구분	1992년	2022년	증감
삼성화재	2,765원	200,000원	+7,133%

출처: NAVER 증권.

지 않는 것이 가능했을까? 물론 불가능하다. 왜냐하면 배당 때문이다. 삼성화재는 매년 주당 1만 원씩 배당한다고 했다. 그런데 만약 주가가 그대로 4,000원에 머물러 있다면 매년 250%씩 배당하는 셈이 된다. 1,000만 원을 투자하면 매년 2,500만 원을 배당으로 받는다는 계산이 나온다. 매년 250%의 이자를 받는 투자는 세상에 없다. 그러니 투자자들은 사채라도 얻어 너도나도 이 주식을 사려고 할 것이다. 이렇게 사람들이 전부 몰려와 이 주식을 매수하려 하기 때문에 주가가 오르지 않는 것은 불가능하다.

성장주는 성장하기 위해 계속 투자해야 하기에 지금 당장은 배당이 없는 경우가 많지만, 일단 성장이 끝나고 나면 배당을 많이 한다.

10

성장주가 상승하는 원리

| 왜 텐배거는 성장주에서만 쏟아지는가? |

소위 대박을 터뜨리는 종목들은 대부분 성장주들이다. 2023년만 봐도 우리나라 주식시장을 이끌었던 '에코프로', '루닛', '레인보우로보틱스' 등이 모두 성장주이고, 미국의 주식시장을 이끌었던 '엔비디아 NVIDIA' 역시 성장주다. 증시를 주도했던 섹터도 로보틱스, 인공지능, 2차 전지 등인데, 모두 미래의 전망이 밝은 성장 섹터들이다. 그렇다면 왜 대박을 터뜨리는 종목들은 다 성장주에서 나올까? 우리는 바로 이 점에 대해 생각해 봐야 한다.

■ **성장주의 주가 상승**

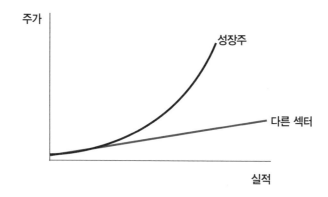

질문: 성장주를 한 줄로 표현한다면?

답: 성장주는 시간이 갈수록 매출과 이익이 기하급수적으로 늘어나는 주식이다.

위 그림에서 보듯 성장주가 아닌 다른 섹터의 주식들은 주가가 실적에 비례해서 상승한다. 즉, 주가와 실적의 관계는 $y=ax$와 같은 1차 함수다. 이 주식들은 이익이 20% 늘면 주가도 20% 상승하고, 이익이 30% 늘면 주가도 30% 상승한다. 그렇기 때문에 10배씩, 20배씩 상승하기가 구조적으로 어렵다.

그런데 성장주는 주가가 실적에 비례해서 오르는 것이 아니라 기하급수적으로 상승한다. 즉, 주가와 실적의 관계는 $y=ax^2$과 같은 2차 함수다. 이 주식들은 이익이 20% 늘면 주가는 40% 상승하고, 이익이 30% 늘면 주가는 90% 상승하는 식이다. 그래서 주가가 10배씩 상승하는 텐배거는 대부분 성장주에서 나온다. 그렇다면 왜 성장주의 주가는 실적에 비례해 오르지 않고 기하급수적으로 오를까?

| 성장주의 비밀은 PER에 있다 |

성장주가 아닌 다른 섹터의 주식은 통상적으로 1단계 상승에 그친다. 즉, 주가가 회사의 이익이 증가하는 만큼만 상승한다. 하지만 성장주의 주가는 다음의 2단계 과정을 거치며 상승한다.

1단계: 회사의 매출과 이익이 늘어나고 이에 비례해서 주가가 상승한다. 예를 들어, 이익이 10배 늘어나면 주가도 10배 상승한다.

2단계: 매출과 이익이 크게 증가하면, 투자자들은 회사의 성장성을 감안해서 높은 PER을 인정해 준다. 그래서 PER이 올라가면서 주가가 2차로 상승한다. 예를 들어, PER이 10배인 어떤 회사가 새로운 성장 분야에 성공적으로 진출해서 매출과 이익이 폭발적으로 증가한다고 하자. 그러면 투자자들은 이 회사의 성장성을 인정해서 적용 PER을 높여준다. 그 결과 이 회사의 PER이 100배까지 상승했다고 가정하자. 이 회사에 적용되는 PER이 10배로 뛰면서 주가도 10배가 된다. 즉, 이익의 증가 때문에 주가가 10배 상승하고, PER이 10배 상승하면서 주가가 또 10배가 된다. 결국 이 주식은 총 100배가 오른다. 따라서 성장주의 주가는 매출과 이익에 비례해서 오르는 것이 아니라 기하급수적으로 오르게 된다. 이익이 증가하는 동시에 PER도 증가하기 때문이다.

정리해 보자.

첫째, 가장 강력한 주가의 움직임은 이익의 증가와 PER이 확대될 때 나타난다.

둘째, 이렇게 PER이 확대되는 시기는 이익의 증가가 가속화하는 시기와 일치하는 경우가 많다.

셋째, 특히 적자에서 흑자로 턴어라운드turn around하거나, 수년간 잊혔던 주식에서 가장 강력한 상승이 나타나는 경향이 있다.

넷째, 이러한 주가 급등으로 인해 예상보다 훨씬 높은 PER까지 도달하는 경우가 많다. 그러므로 섣불리 주가의 정점을 예측할 수 없다.

| MTY 푸즈 그룹 |

성장주를 논할 때 자주 등장하는 회사 중에 'MTY 푸즈 그룹MTY Foods Group'이 있다. 이 회사의 시초는 1979년 캐나다 이민자였던 스탠리 마Stanley Ma라는 홍콩인 사업가가 몬트리올에 차린, 중국 음식과 폴리네시안 음식을 파는 레스토랑이었다. 그 후 스탠리 마는 끊임없는 인수합병을 통해 브랜드를 70여 개로 확장했다. 옆 페이지의 브랜드들이 MTY 푸즈 그룹의 대표 브랜드다.

다음 표에서 MTY 푸즈 그룹의 2003년 매출액은 1,200만 달러였다. 주당순이익은 10센트에 불과했고 주가는 34센트였다. 그런데 이 회사가 폭발적으로 성장해서 10년 후인 2013년에는 매출이 1억 달러를 넘

■ MTY 푸즈 그룹의 브랜드들

출처: MTY Foods Group 홈페이지.

■ MTY 푸즈 그룹의 주당순이익, 주가 및 PER 변화

연도	매출액(백만$)	주당순이익($)	주가($)	PER
2003년	12	0.10	0.34	3.4
2013년	101	1.34	34.34	25.6

출처: 크리스토퍼 메이어, 《100배 주식》 워터베어프레스.

었고, 주당순이익이 1.34달러까지 상승했다. 주가는 34달러 34센트까지 상승했다. 주당순이익은 10년 동안 13.4배 상승했는데 주가는 정확히 101배 상승했다.

여기서 우리가 생각해 볼 것은 주당순이익 증가분 대비 주가가 왜 7.5배나 더 올랐는지에 대한 것이다. 이익은 13배 상승했는데 왜 주가는 101배 올랐을까? 그 이유는 이 회사의 주식이 성장주라서 투자자들이 높은 PER을 인정해 줬기 때문이다.

이 회사의 PER 변화를 살펴보자. 2003년에는 이 회사의 PER이 3.4에 불과했는데, 2013년에는 25.6까지 상승했다. 즉, 10년 동안 투자자들은 이 회사의 적용 PER을 7.5배나 높여줬다. 이는 투자자들이 이 회사가 계속 성장할 것으로 예상하고 미래의 성장성을 앞당겨 주가에 미리 반영했음을 뜻한다.

| 몬스터 베버리지 |

하늘에서 낙하하고, 절벽에서 뛰어내리는 등 극한 도전을 할 때마다 항상 따라다니는 음료수가 있다. 익스트림 스포츠 후원기업인 '몬스터 베버리지Monster Beverage'에서 출시한 음료수다. 각성효과 때문에 시험기간에 잘 팔린다는 이 음료수는 우리나라 편의점에서도 어렵지 않게 구매할 수 있다.

이 회사는 1930년 휴버트 한센Hubert Hansen이 '한센 내추럴Hansen Natural'이라는 회사로 설립했는데, 탄산을 넣은 소다 음료를 만들던 회사였다. 그러다가 1990년 남아공 출신 로드니 색스Rodney Sacks와 힐튼 슐로스버거Hilton Schlosberg가 컨소시엄을 구성해서 이 기업을 인수했다. 한센 내추럴은 그간 여러 가지 시행착오를 겪으며 성장할 기회를 잡지 못했지만, 2002년에 훗날 주력 상품이 될 '몬스터 에너지'를 출시하면서 반전이

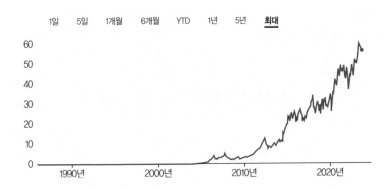

■ 몬스터 베버리지의 상장 후 주가 변화

(단위: 달러)

| 1일 | 5일 | 1개월 | 6개월 | YTD | 1년 | 5년 | **최대** |

출처: 구글 금융.

일어났다. 2001년 한센 내추럴의 주당순이익은 4센트에 불과했고 PER 은 10배였다. 하지만 몬스터 에너지를 출시한 이후 회사가 본격적으로 성장하면서 주당순이익이 1달러로 늘어났고, 투자자들로부터 성장성 을 인정받아 PER이 50배로 뛰었다.

주당순이익이 25배 오를 동안 투자자들이 높은 PER 배수를 인정해 주어 주가는 125배 오른 것이다. 주당순이익이 증가하는 동시에 높은 PER의 인정이라는 성장주 주가상승의 법칙을 그대로 따른 종목이다.

참고로 1985년에 이 회사의 주가는 8센트에 불과했지만 2023년 에는 59달러까지 올라서 무려 730배(73,000%) 상승을 기록했고, 특히 2011년 이후에만 11배나 오른 경이적인 주식이 되었다. 현재 PER은 41.5 수준이다.

이 회사는 지난 30년간 연속으로 순매출이 증가하면서 성장성이 꺾이지 않았다는 투자자들의 판단 때문인지 아직도 높은 가치를 인정받고 있다.

| LG에너지솔루션 vs. 삼성전자 |

2022년 기준 삼성전자의 순이익은 55조 6,500억 원이고, 'LG에너지솔루션'의 순이익은 약 7,800억 원이다. 그런데 시가총액을 보면 삼성전자는 약 380조 원인 데 반해, LG에너지솔루션은 102조 원이다. LG에너지솔루션의 순이익이 삼성전자 순이익의 1.4%에 불과하지만, 시가총액은 무려 27% 수준이다. 왜 이런 일이 발생할까? 앞에서 언급했다시피 투자자들이 LG에너지솔루션의 성장성을 높게 평가해서 엄청나게 높은 PER을 부여했기 때문이다.

성장주에 관심을 가져야 하는 이유가 바로 여기에 있다. 특히 성장주를 초기에 발굴해서 성장이 둔화될 때까지 장기투자를 하는 것이 수익을 극대화하는 방법이다.

■ 삼성전자와 LG에너지솔루션의 2022년 실적 비교

구분	PER	순이익	시가총액
삼성전자	8.80	55조 6,500억 원	380조 원
LG에너지솔루션	149.31	7,798억 원	102조 원

출처: NAVER 증권.

11

성장률이 중요한 이유

| PER보다 중요한 성장률 |

주식을 처음 공부할 때 PER이 높으면 고평가된 주식, PER이 낮으면 저평가된 주식이라는 말을 흔히 듣는다. PER의 중요성이 부각된 시기는 1992년에 외국인 투자가 허용된 이후부터다. 그 이후로 우리나라 투자들 사이에는 '저PER 주=좋은 주식'이라는 개념이 생겼다.

하지만 2000년대에 들어서면서 PER보다 더 중요하게 부각되는 것이 바로 '성장성'이다. 즉, 회사가 성장성이 있으면 PER이 높아도 용인하는 추세다. 이와 관련하여 피터 린치는 저서《전설로 떠나는 월가의 영웅》에서 왜 성장률이 PER보다 더 중요한지를 논리적으로 설명하고 있다.

| PER 20배, 성장률 20% vs. PER 10배, 성장률 10% |

피터 린치는 다른 조건이 동일하다면 PER이 20배에 거래되고 성장률이 20%인 기업이, PER이 10배에 거래되고 성장률이 10%인 기업보다 더 낫다고 하면서, 고성장주의 경우 빠른 이익 증가가 주가를 빠르게 밀어 올린다는 사실을 이해해야 한다고 했다. 그러면서 다음과 같은 표로 그 원리를 설명했다(물론 피터 린치는 달러로 설명했지만, 우리나라 독자들의 이해를 돕기 위해 원화로 바꾸었다).

피터 린치는 공정하게 평가된 회사의 PER은 회사의 성장률과 같다고 생각했다. 여기서 성장률이란 이익성장률을 말한다. 그래서 성장률이 20%인 기업의 PER은 20배, 성장률이 10%인 기업의 PER은 10배로 가정했다.

A기업은 성장률이 20%이고 PER이 20배인 기업이다. B기업은 성장률이 10%이고 PER이 10배인 기업이다. 처음에 A기업의 주식은 주당 2만 원에 거래되고 10년이 지난 후에는 123,800원에 거래된다. B기업의 주식은 처음에 주당 1만 원에 거래되고 10년 후에는 주당 25,900원에 거래된다. 즉, A기업은 10년 동안 주가가 519% 상승한 반면에, B기업은 주가가 겨우 159% 상승하는 데 그쳤다. PER보다 성장률이 중요한 이유가 바로 여기에 있다.

피터 린치는 이 사실이야말로 대박종목의 열쇠이며, 특히 장기적으로 20% 이상 성장하는 기업이 시장에서 엄청난 이익을 올린다고 말했다.

성장주 패러다임

■ 성장률 20%인 A기업과 성장률 10%인 B기업의 주가 비교

구분	A기업(성장률=20%)		B기업(성장률=10%)	
	EPS	주가	EPS	주가
기준연도	1,000원	20,000원	1,000원	10,000원
1년차	1,200원	24,000원	1,100원	11,000원
2년차	1,440원	28,800원	1,210원	12,100원
3년차	1,730원	34,600원	1,330원	13,300원
4년차	2,070원	41,400원	1,460원	14,600원
5년차	2,490원	49,800원	1,610원	16,100원
7년차	3,580원	71,600원	1,950원	19,500원
10년차	6,190원	123,800원	2,590원	25,900원
주가		519% 상승		159% 상승

출처: 피터 린치, 《전설로 떠나는 월가의 영웅》, 국일증권경제연구소.

12

'부작위(不作爲)'의 실수

| 월마트 |

찰리 멍거Charles Munger는 버크셔 해서웨이 역사상 가장 극단적인 실수는 '부작위(不作爲)'라고 했다. 그는 세상에는 두 가지 실수가 있다고 하면서 첫째는 아무것도 하지 않는 것이고, 둘째는 대량으로 매수해야 하는 주식을 아주 소량만 매수하는 것이라고 했다. 그러면서 부작위의 실수는 눈에 보이지 않기 때문에 대부분 신경 쓰지 않지만, 사실은 수십억 달러의 손실을 초래한 것이라고 했다. 그는 '월마트Wal-Mart' 주가가 조금 올랐기 때문에 주식을 안 샀던 것이 자기가 저지른 100억 달러짜리 부작위의 실수였다고 말했다. 워런 버핏도 월마트 주식을 사지 않은 것에 대한 아쉬움을 종종 토로했다. 아마도 그가 가장 뼈아파하는 실수

중 하나인 듯하다. 그 당시 월마트는 빠르게 성장하는 대표적인 구조적 성장주였다.

| 씨즈캔디 |

반대로 워런 버핏이 가장 가슴을 쓸어내리는 것은 '씨즈캔디See's Candies'를 인수하지 못할 뻔했던 것이다. 그 당시 씨즈캔디의 소유주였던 씨즈 가문에서는 3,000만 달러를 요구했지만, 버핏은 2,500만 달러 이상은 지불할 생각이 없었다. '담배꽁초 투자'만 하던 그에게는 2,500만 달러만 해도 PER이 12배, PBR(주가순자산비율)이 3배 수준으로 상당히 비싼 가격이었기 때문이다. 결국 소유주인 씨즈 가문에서 양보해 버핏은 씨즈캔디를 인수하게 되었다.

씨즈캔디는 버크셔 해서웨이가 투자한 많은 기업 중에서 버핏이 가장 좋아하는 기업이다. 훗날 씨즈캔디를 인수하던 상황을 회상하면서 그는 씨즈캔디를 놓칠 뻔한 아찔한 상황이었다고 말했다. 후에 버핏은 "적당한 회사를 훌륭한 가격에 사는 것보다 훌륭한 회사를 적당한 가격에 사는 게 훨씬 낫다"라는 말을 남겼다. 이 말은 '훌륭한 회사를 괜찮은 가격에 사는 게 그저 그런 회사를 싼 가격에 사는 것보다 훨씬 낫다'는 말인데, 씨즈캔디의 인수를 통해 깨달은 것이라고 할 수 있다. 현 시대 정신에 맞춰 이 말을 내 마음대로 해석하면 다음과 같이 바꿀 수 있을 것 같다.

"적당히 성장하는 회사를 싼 가격에 사는 것보다, 고성장주를 조금 비싸게 사는 게 낫다."

| 스타벅스 |

다음은 《100배 주식》의 저자인 크리스토퍼 메이어Christoopher Mayer가 한 말이다.

> "내가 100배 주식을 분석하면서 알게 된 한 가지는 밸류에이션이 물론 중요하긴 하지만 그보다 기업 자체의 경쟁력이 중요하다는 것이다. 어느 한 선배 투자자가 말해 준 이야기가 있다. '스타벅스Starbucks'의 성장 초창 기에도 그는 스타벅스 주식에 PER 40배 이상 가격을 지불할 수 없었다고 한다. 그래서 투자하지 못했지만 그 후로 스타벅스는 100배 이상 수익을 냈다. 그의 사무실에는 이 같은 실수를 반복하지 말라는 징표 같은 것이 있다고 한다."

좋은 기업이란 향후 성장성이 큰 기업이다. 이런 기업들은 거래되는 PER이 통상의 주식보다 높은 경우가 대부분이다. 그래서 투자자들이 섣불리 사지 못한다. 하지만 본인이 판단하기에 성장성이 뛰어난 기업을 찾았다면 어느 정도 높은 가격에라도 투자하는 것이 옳다.
이에 대한 내 생각은 다음과 같다.

첫째, 자신이 원하는 가격은 오지 않는다. 피터 린치는 10달러가 되면 팔아야지 하는 순간 그 주식은 9.75달러 바로 아래서 몇 년 동안 오르내리다가 4달러로 떨어진 다음, 1달러로 곤두박질치기도 한다고 했다. 매수하는 것도 마찬가지다. 만약 2만 원에 사겠다고 마음먹으면 22,000원에서 횡보하다가 곧장 상승한 후, 영원히 그 가격으로 내려오지 않는 경우가 허다하다. 특히 미래 전망이 밝은 성장주는 더욱 그렇다.

둘째, 매력적인 기회는 빨리 스쳐 지나간다. 정말로 좋은 기회는 자주 나타나지도 않고, 오래 지속되지도 않기 때문에 항상 매수할 준비가 되어 있어야 한다. 만약 나중에 하락이 우려된다면, 평단가가 올라가더라도 일단 분할로 매수를 시작하는 것도 한 가지 방법이다.

내가 경제 유튜브 방송에 나가서 '루닛'을 처음 소개했을 때 주가가 2만 원대였다. 그때 사람들의 주된 반응은 '적자 기업의 주식을 왜 사느냐'는 것이었다. 그다음에 다른 유튜브 방송에 나가서 루닛을 소개했을 때는 주가가 4만 원대였다. 그때 시청자 반응은 '너무 올라서 못 산다'는 것이었다. 그다음은 9만 원대였다. 그랬더니 그때는 '지금이라도 사야 하나'라는 반응을 보였다. '레인보우로보틱스'도 마찬가지였다. 주가가 3만 원대 초반이었을 때 시청자들의 반응은 '쥐꼬리만 한 이익에 비해 시총이 너무 커서 고평가가 분명하다'는 것이었다. 그러다가 15만 원이 넘어서니까 그제야 '지금이라도 사야 하느냐'며 묻는 시청자가 많았다. 성장성이 뛰어난 기업은 밸류가 조금 높아도 초창기에 눈 딱 감고 매수할 것인지를 진지하게 고민해 봐야 한다. 버스가 떠난 후 손 흔드는 일은 더 이상 하지 말자.

X100

GROWTH STOCK PARADIGM

4장

투자의 타이밍

성장주에 투자할 때는 매수 타이밍을 잡기도 어렵고 매도 타이밍을 잡기는 더 어렵다. 다른 주식들과 대비되는 성장주만의 특성이 있기 때문이다. 성장주는 거시경제 여건의 영향을 크게 받는다. 경제적 여건이 좋아져서 지수가 상승할 때는 더 크게 상승하고, 반대로 경제여건이 악화되어 지수가 하락할 때는 다른 주식들보다 더 크게 하락한다. 그래서 성장주의 주가 움직임에 대한 이해가 없으면 고점매수, 저점매도를 반복하며 만족할 만한 수익을 내기가 어렵다. 성장주 매매에 성공하기 위해서는 성장주만의 고유한 특성을 먼저 이해해야 한다.

13

투자의 타이밍을 읽는 법

| 성장주와 경제적 변수 |

워런 버핏의 파트너인 찰리 멍거는 '버크셔 해서웨이가 수십 년 동안 실천한 방법은 좋아하는 주식이 저렴할 때 더 많이 사들이는 것'이라고 하면서 '자신의 판단에 명확한 자신이 있다면 낮은 주가를 이용해 주식을 더 사라'고 했다. 그러면서 '매력적인 투자 기회는 짧게 사라지는 경향이 있어서 정말 좋은 기회는 자주 나타나지도 않고, 오래 지속되지도 않기 때문에 늘 행동할 준비가 되어 있어야 한다'고 덧붙였다. 항상 준비하고 있으라는 조언이다. 앞에서도 언급했듯이, 버크셔 해서웨이가 1987년의 블랙먼데이 이후 코카콜라 주식을 대량으로 사들인 것도 좋아하는 주식이 저렴할 때 더 많이 사들인 사례 중 하나라고 할 수 있다.

항상 준비하고 있으려면 거시 경제적 변수를 잘 파악해야 한다. 특히 성장주는 거시경제 여건 변화의 영향을 더 많이 받는다. 미래의 실적을 반영하기 때문이다. 성장주는 금리가 올라가면 더 많이 떨어지고, 경제여건이 안 좋아져도 더 많이 떨어진다. 반대로 금리가 하락하고 경기가 상승하면 더 크게 상승한다. 거시 경제적인 흐름을 이해하는 것은 다른 주식에 투자하는 투자자들보다 성장주 투자자들에게 더 중요하다. 그러므로 성장주 투자자들은 거시 경제의 흐름을 이해하기 위해 최대한 노력해야 한다.

| 스스로 생각하는 힘 |

그렇다면 복잡한 경제지표를 잘 읽는 것은 물론이고, 어려운 경제학 지식으로 무장해야 할까? 내 생각은 다르다. 주식투자에서 이런 지식이 중요했다면 경제학자들이 돈을 많이 벌었을 것이다. 하지만 나는 데이비드 리카도David Ricardo나 존 메이너드 케인스John M. Keynes 등을 빼고는 경제학자들이 많은 돈을 벌었다는 말을 들은 적이 거의 없다.

그러면 경제학 지식이 짧은 개인투자자들은 어떻게 해야 경제의 흐름을 파악하고 투자에 도움을 받을 수 있을까? 나는 '생각하는 힘'에서 그 답을 찾는다. '생각하는 힘'은 예상보다 강력하다.

나에게는 특별한 취미가 하나 있다. 그것은 바로 매년 노벨 물리학상이 발표되면 수상자의 물리학 이론에 관한 책을 사서 읽는 것이다.

심오한 학문적 내용을 다 이해하지는 못해도 재미있다.

나에게 가장 큰 영감을 준 물리학자는 1900년대에 빛 에너지가 불연속적인 값을 가진다는 가설을 발표한 막스 플랑크Max Planck와 힉스 입자를 예언해 2013년 노벨 물리학상을 받은 피터 힉스Peter Higgs다. 오죽했으면 내가 힉스 입자를 소재로 한 드라마 대본까지 썼을까! 비록 내용이 너무 어렵다며 프로덕션에서 드라마로 만드는 걸 거부했지만 말이다.

인간적으로 가장 큰 매력을 느낀 물리학자는 청색 LED 실용화에 성공한 공로로 2014년에 노벨 물리학상을 받은 나카무라 슈지Nakamura Shuji다. 다른 수상자들은 대개 천재로 태어나서 본인의 업적을 극대화하는 데 성공한 사람들이지만, 나카무라 슈지는 천재라기보다는 강한 집념으로 노벨 물리학상이라는 성과를 이뤄냈다는 점에서 다르다.

자서전에서 보면, 나카무라는 고등학교 때 반에서 20등 전후였기 때문에 도쿄대나 교토대와 같은 명문대에 갈 수 없었다. 그래서 도쿠시마대라는 지방대에 갔고, 굴지의 연구기관이나 명문대에서 연구한 것이 아니라 당시 지방 중소기업에 불과했던 '니치아 화학Nichia Corporation'이라는 회사에 다니면서 청색 LED 개발에 성공했다. 세계 유수의 연구기관과 대기업에서 27년이나 연구했지만 모두 실패해 20세기에는 개발이 불가능하다고 여겼던 청색 LED를 중소기업 연구원이, 그것도 혈혈단신으로 개발한 것이다.

이렇듯 커다란 업적을 이룬 나카무라가 항상 강조하는 것이 '스스로 생각하는 힘'이다. 어린 시절에 그는 해변에서 멀거니 바다를 바라보면서 한 시간이고 두 시간이고 혼자서 생각하기를 즐겼는데, 이런 습관이 청색 LED 발명의 초석이 되었다고 한다. 생각하는 습관이 그에게 노벨 물리학상을 가져다주었다고나 할까.

| 머릿속으로 세상을 그려보는 '사고실험' |

아인슈타인은 '사고실험'을 한 것으로 유명하다. 사고실험이란 실제로 실험을 수행하는 대신에 머릿속에서 생각만으로 진행하는 실험을 말한다. 실험에 필요한 장치와 조건을 단순하게 가정한 후 이론을 바탕으로 일어날 현상을 예측한다. 사고실험은 종종 기존 이론의 모순점을 찾아내기 위한 목적으로 수행되기도 하고, 새로운 이론의 기초를 세우기 위한 목적으로 수행되기도 한다.

가장 유명한 사고실험 중 하나가 갈릴레이Galileo Galilei의 사고실험이다. 갈릴레이가 살던 시대에는 무거운 물체가 가벼운 물체보다 빨리 떨어진다는 것이 정설이었다. 아리스토텔레스Aristoteles가 만든 이론을 바탕으로 한다. 그런데 갈릴레이는 사고실험을 통해 이 이론의 모순점을 찾아냈다. 그는 무거운 물체와 가벼운 물체를 묶어서 떨어뜨리면 무거운 물체는 원래 속도보다 천천히 떨어지고, 가벼운 물체는 원래 속도보다 빨리 떨어질 것이라고 추론하였다. 이 추론대로라면 이 묶음은 무거운 물체보다는 늦게 떨어지고 가벼운 물체보다는 빨리 떨어져야 한다.

그렇지만 무거운 물체와 가벼운 물체를 하나의 묶음으로 보면, 이 묶음은 무거운 물체보다 더 무겁기 때문에 무거운 물체 혼자 떨어질 때보다 더 빨리 떨어져야 한다.

결론적으로 무거운 물체와 가벼운 물체를 묶어서 떨어뜨리면, 이 묶음은 무거운 물체보다 더 천천히 떨어지는 동시에 더 빨리 떨어져야 한다. 아리스토텔레스의 이론은 이렇듯 모순이므로, 갈릴레이는 모든 물체는 무게와 관계없이 같은 속도로 떨어진다는 결론을 얻었다.

아인슈타인Albert Einstein의 사고실험도 유명한데, 그는 사고실험을 통해 빛이 중력장 안에서 휘어진다는 결론을 얻기도 했다. 이 외에도 상자 안 고양이의 생존 여부를 이용해 양자역학을 설명한 '슈레딩거의 고양이'도 사고실험의 하나다.

내가 거창하게 노벨 물리학상 수상자부터 시작해 사고실험 이야기까지 꺼낸 이유는, 우리도 이렇게 사고실험을 해 보자는 것이다. 물론 내가 말하는 사고실험은 천재들의 상상력이 필요한 물리학적인 것이 아니라, 경제학 지식만 어느 정도 있으면 누구나 할 수 있는 수준의 경제적 사고실험이다. 처음에는 서툴러도 계속 연습하다 보면 생각하는 능력이 놀랄 만큼 향상되는 것을 체험할 수 있다. 이는 내가 직접 체험한 바다! 내가 실행한 경제적 사고실험 사례 몇 가지를 아래에 소개한다.

| 사고실험 따라 하기: 2022년 바닥 찾기 |

내가 유튜브 채널 '천백만TV'를 통해, 주가의 바닥이 확인됐으므로 적극적으로 주식투자에 나서자고 했던 때가 2022년 10월 23일이다.

■ **2022년 10월 21일 KOSPI 위치**

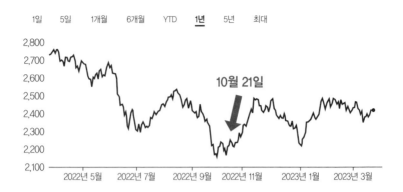

출처: 구글 금융.

위 차트에서 화살표가 가리키는 부분이다.

　그 당시 주식시장에는 공포가 만연했다. 코스피지수 2,000이 깨질 것이라고 예측한 경제 전문가도 많았고, 주식을 일단 다 팔고 지켜봐야 한다고 충고하는 주식 전문가들도 많았다. 그런데 지나고 보니까 10월 21일이 정말로 바닥이었다. 내가 왜 그 당시를 바닥이라고 생각했는지, 다음과 같이 사고실험을 해 보자.

　2022년 내내 주식이 하락한 이유는 미 연준의 금리인상 때문이었다. 따라서 주식시장이 바닥에서 탈출하려면 연준이 문제를 해결해 줘야 했다. 사람들 대부분이 금리인상을 완화하겠다는 어떤 신호가 나와야만 주식시장이 바닥에서 벗어날 것으로 예상했다. 나는 연준의장의 말과 행동을 주의 깊게 관찰했다. 연준은 "지금부터는 금리인상을 자

■ 연준의 금리인상 관련 기사

THE WALL STREET JOURNAL.

English Edition ▼ | Print Edition | Video | Podcasts | Latest Headlines

ECONOMY | U.S.ECONOMY

Fed Set to Raise Rates by 0.75 Point and Debate Size of Future Hikes

Some officials are signaling greater unease with big rate rises to fight inflation

출처: 월스트리트저널(2022.10.21).

제하겠다"라며 직접적으로 힌트를 주지는 않는다. 자기도 모르게, 혹은 의도적으로 어떤 신호를 보내는데 이것을 잘 해석해야 한다.

그해 10월 21일 〈월스트리트저널〉의 기사 하나가 내 눈길을 끌었다. 연준의 비공식 대변인이라는 별칭을 가진 닉 티미라오스Nick Timiraos 기자가 쓴 기사였다.

"연준, 금리 0.75포인트 인상, 향후 인상 규모 논의"라는 제목의 기사인데, 이 기사는 티미라오스가 자기 생각으로만 쓴 것이 아니라 연준과 교감을 통해 쓴 것이다. 연준이 하고자 하는 말을 대신 해줬다고 볼 수 있다.

나는 이 기사를 보면서 연준의 깊은 고민을 느낄 수 있었다. 경기침체에 대한 우려 때문에 금리를 올리기도 힘들고, 그렇다고 인플레이션 때문에 금리를 내릴 수도 없으니 그야말로 진퇴양난이었다. 기사 내용은 '다가오는 12월에는 연준이 금리를 0.5%만 올릴 것 같다. 그런데 금리를 계속 0.75%씩 올리다가 0.5%만 올리면, 자산시장에서는 인플레이션을 잡겠다는 연준의 의지가 약해졌다고 판단할 수 있다. 그러면 자산시장이 폭등할 가능성이 있어서 연준이 이를 매우 염려하고 있다'는 것이었다.

이 기사를 해석해 보면, 경기침체에 대한 우려 때문에 금리를 크게 올리기는 어렵다는 당시 연준의 속내를 알 수 있다. 그러나 금리를 크게 올리지 않으면 자산시장에서는 연준이 인플레이션을 어느 정도 용인한다고 받아들일 것이고, 그 결과 자산시장이 폭등해 더욱 심한 인플레이션이 발생할 수 있다. 연준이 처한 딜레마였다.

어쨌든 이 기사를 통해 연준은 경기침체에 대한 우려 때문에 금리를 크게 올리기가 만만치 않다는 속내를 처음으로 내비친 셈이다. 나는 이 기사를 연준이 통화긴축을 계속하기가 쉽지 않을 거라는 신호로 받아들여, 10월 21일에 주식시장의 바닥을 확인했다고 판단했다.

그 당시 나는 파월 연준의장 입장에서 생각해 보았다. 경기침체에 대한 우려 때문에 금리를 많이 올리기는 어렵지만 인플레이션은 잡아야 한다. 이 상황에서 연준의장이 택할 수 있는 방법은 무엇일까? 실제로는 그렇게 하지 못하면서 발언만 아주 강경하게 하는 전략을 사용할 가능성이 크다. 아마도 연준위원들이 의도적으로 강경한 발언을 이어가겠지만 그 말을 너무 곧이곧대로 믿지는 말자고 생각했다. 즉, 연준위원들이 매파적 발언을 할 때마다 시장이 출렁일 것이고, 이때가 우량한 주식을 저가에 살 기회가 될 것이라고 판단했다.

| 사고실험 따라 하기: 실리콘밸리 은행 사태 분석 |

2023년 3월, 미국 '실리콘밸리 은행Silicon Valley Bank'이 파산하면서 금융시장이 크게 요동쳤다. 주가가 큰 폭으로 하락하자 언론에서는 실리콘밸리 은행 사태의 후폭풍으로 주가지수가 폭락했다며 '제2의 리먼브러더스 사태'니 '금융시스템의 붕괴'니 하는 자극적인 기사를 쏟아냈다. 그 후 '퍼스트리퍼블릭 은행First Republic Bank' 등 중소형 은행에서 뱅크런이 발생하면서 금융위기설이 다시 불거졌고, 스위스의 글로벌 투자은행인 '크레디트스위스Credit Swiss'의 파산이 임박하면서 공포 분위기는 절정에 이르렀다.

당시 미국 국채와 금 가격이 상승했는데, 이를 두고 경제 전문가들은 금융시스템의 불안 때문에 안전자산 선호심리가 확산되고 있으며, 그 결과 가장 안전한 자산인 미국 국채와 금으로 자금이 몰리고 있다고 주장했다. 불안한 경제 상황이 지속되면서 자금이 위험자산인 주식시장을 벗어나 안전한 국채와 금으로 이동하고 있기 때문에 주식시장이 큰 폭으로 하락할 것이라는 논리였다.

여기서 사고실험을 해 보자. 경제 전문가들의 말을 그대로 믿을 것이 아니라 스스로 사고실험을 해보는 것이다. 만약 정말로 안전자산 선호심리 때문에 자금이 국채로 몰린다면, 여기에는 충족해야 하는 조건이 있다. 회사채 금리도 올라야 하고 달러도 강해져야 한다. 만약 리먼브러더스 사태와 같은 강력한 금융위기가 온다면 이는 기업들에도 전파될 것이다. 그러면 회사채 금리가 급등할 것이고 안전자산으로 평가

받는 달러 가치도 폭등할 것이다. 이렇듯 회사채 금리와 달러 가치의 변화를 같이 살펴봐야 한다. 하지만 어찌 된 일인지 회사채 금리는 오히려 떨어졌고 달러 인덱스도 하락했다. 즉, 달러가 강해진 것이 아니라 오히려 약세로 돌아섰다.

그렇다면 미국 국채와 금 가격이 상승한 이유가 다른 데 있는 것은 아닌지 생각해 봐야 한다. 나는 당시 사고실험을 한 결과, 미국 국채로 돈이 몰린 이유는 시장 참여자들이 은행 시스템의 붕괴를 염려하여 국채와 금이라는 안전자산으로 피신한 것이 아니라, 실리콘밸리 은행 사태로 인해 연준이 금리를 올리기 어려울 것으로 판단했기 때문이라고 결론 내렸다. 시장 참여자들에게 연준이 금리를 더 이상 올리기 어려운 것은 물론이고, 심지어 조만간 내릴지도 모른다는 기대감이 생겨났다고 판단했다.

이렇게 생각하면 국채 가격이 상승하고, 회사채 금리가 하락하고, 달러 인덱스가 약세로 돌아선 이유를 모두 설명할 수 있다. 경제 전문가들의 예상과는 좀 다른 결론이다.

이런 해석이 왜 중요할까? 그 이유는 어떻게 해석하느냐에 따라 주식투자에서 우리의 포지션이 완전히 달라지기 때문이다. 경제 전문가들이 말한 대로 안전자산 선호심리 때문에 자금이 국채로 몰린 게 맞는다면, 위험자산인 주식에서 돈이 빠져나갈 테니 주식을 일부 팔아야 할지 심각하게 고민해야 한다.

하지만 실리콘밸리 은행 사태로 통화긴축이 완화될 것이라는 기대감 때문에 국채 가격이 올라서 금리가 낮아진 것이라면, 주식시장의 강세를 예측할 수 있다. 금리인상이 중단되고 은행 위기가 진정되면 금융 장세가 올 가능성이 커진다. 왜냐하면 유동성은 아직 풍부한데, 뱅크런 때문에 연준이 시중의 자금을 회수할 수 없기 때문이다. 이때는 주식의 매도를 고민할 것이 아니라 오히려 매수를 고민해야 한다.

이렇듯 국채 금리의 상승과 금값의 상승이라는 현상을 어떻게 해석 하느냐에 따라 180도 다른 정반대 포지션을 취하게 된다. 실제로 실리콘밸리 은행 사태 이후 주식시장은 상당한 강세를 보였다. 그러자 뱅크 런이니 시스템 위기니 하는 말들이 쏙 들어갔다. 전문가들의 말을 무조건 믿을 게 아니라 직접 회사채 금리와 환율을 찾아봤어야 한다는 이야기다. 이런 것이 사고실험의 한 예시다.

그 당시 문제가 된 또 다른 은행이 독일의 '도이치방크Deutsche Bank'다. 도이치방크의 CDSCredit Default Swap, 즉 '신용부도스와프'가 크게 상승하자 언론에서는 부도 위험이 급격히 증가했다고 보도했다. 도이치방크의 규모는 실리콘밸리 은행에 비할 바가 아니어서, 도이치방크에 문제가 생기면 '제2의 리먼브러더스 사태'를 피할 수 없다는 내용이었다.

자, 여기서 도이치방크 문제를 걱정하기에 앞서 CDS가 무엇인지부터 알아보자. CDS는 신용부도스와프로 해석하지만 사실 부도와 직접적인 연관관계는 없다. 채권은 만기가 되면 원금이 보장되는 안전한 자산이다. 하지만 채권을 발행한 차주가 부도가 나면 휴지조각이 된다. 따라서 혹시 모를 부도 위험에 대비하는 일종의 보험상품이 CDS라고 이해하면 된다. CDS를 이용하면 만약 차주가 부도를 내서 원금과 이자를 회수할 수 없게 되더라도 이를 보상받을 수 있다.

CDS는 주식과 마찬가지로 금융시장에서 거래 가능한 금융상품이다. 그렇기 때문에 누군가가 프리미엄을 높여 놓으면 시장 가격이 그렇게 정해진다. 예를 들면, 어떤 기업이 운영에 아무 문제가 없는데도 투자자들이 해당 기업 주식을 투매하면 주가가 떨어지는 것과 마찬가지다. 주가가 떨어진다고 해서 그 기업이 부도가 나지는 않는다. 이제 우리가 할 일은 도이치방크의 건전성 관련 자료를 찾아보는 것이다. 다행히 당시 도이치방크의 건전성은 크게 염려하지 않아도 될 만한 수준이었다.

정리해 보자. 성장주는 미래의 실적을 반영하기 때문에 거시경제의 여건에 훨씬 민감하다. 성장주 투자자라면 경제의 흐름을 이해하는 것이 중요하고, 생각하는 힘을 연마하기 위해 경제적 사고실험을 반복해서 연습해야 한다. 노파심에서 말하자면, 자신의 경제 여건이 좋아진다고 해서 주식을 과도하게 매수하거나 또는 그 반대라고 해서 전부 매도해서는 안 된다. 주식투자자라면 경제 여건과 관계없이 최소한 일정 수준 이상은 항상 투자를 유지해야 하고, 반대로 레버리지는 가급적 사용하지 말아야 한다고 생각한다.

14

사고실험을 위한
투자의 경제지표

기초적인 지표를 이해하면 사고실험에 도움이 된다. 주식투자자들이 알면 도움이 되는 간단한 지표를 소개한다.

| 달러 인덱스와 환율 |

너무 기본적인 것이어서 설명할 필요가 없을지도 모르겠지만, '달러 인덱스'는 주요 6개 통화에 대한 달러의 상대적 가치를 나타내며 이 수치가 높아지면 달러가 강해진다.

통상적으로 달러 인덱스가 올라가면 주가지수는 하락하므로 단기적인 관점에서 주식에 투자할 때는 달러 인덱스를 확인할 필요가 있다.

특히 환율은 주가에 직접 영향을 미치기 때문에 주의 깊게 관찰해야 한다. 달러가 강해지면 외국인들이 환차손을 피해 우리나라 주식을 팔기 때문에 주가는 떨어진다. 사실 물가, 금리, 환율이 모두 연관성을 가지고 움직이므로 환율 하나만 떼어 놓고 생각할 수는 없다.

예를 들어, 미국 정부는 물가의 상승폭이 커지면 달러를 강하게 가져간다. 미국은 모든 생필품을 수입에 의존한다고 해도 과언이 아니다. 따라서 달러를 강하게 가져가면 수입품의 가격을 낮추는 효과를 얻을 수 있다.

해외에서 수입하는 물건 값이 올라도 달러가 그만큼 강해지면 미국 소비자 입장에서는 물건 값이 오르지 않는 것과 마찬가지다. 그래서 물가 상승에서 오는 압박이 최대한 줄어든다. 인플레이션이 발생하면 달러가 강세를 보이는 이유다.

둘째, 인플레이션이 발생하면 미 연준에서는 금리를 올린다. 그러면 곤란을 겪는 나라는 늘 미국이 아니라 신흥국이다. 1970년대에 빠르게 성장하던 남미의 브라질, 멕시코, 아르헨티나는 미국의 급작스러운 금리인상으로 인해 국가 부도 사태를 맞았다. 1990년대에는 미국이 금리를 올리자 아시아 국가들에서 달러가 빠져나가면서 우리나라도 IMF 외환위기를 맞았다.

2008년 리먼브러더스 사태 이후 침체됐던 경제가 서서히 회복되자 미국은 금리를 올리기 시작했다. 그러자 가장 큰 타격을 받은 나라들은 그리스 등 남유럽 국가들이었다.

미국이 금리를 올릴 때마다 신흥국들은 항상 경제적으로 힘든 시기를 보내야 했다. 그러면 안전자산 선호 심리가 강해져 달러가 강세를 보인다. 이렇게 환율, 금리 그리고 물가는 서로 맞물려서 움직이기 때문에 이들의 역학관계를 이해해야 한다.

| 기준금리와 가산금리 |

은행에서 돈을 빌려줄 때는 대출금리를 산정한다. 이러한 대출금리의 기준이 되는 것이 기준금리다. 기준금리는 한국은행 금융통화위원회에서 결정하는 기준금리일 수도 있고, CD금리나 은행채 금리일 수도 있다.

주택담보대출이라면 코픽스가 금리의 기준이 된다. 코픽스는 전국은행연합회가 제공하는 '자금조달비용' 지수다.

기준금리에 대출자의 신용위험을 반영한 가산금리를 더하면 은행이 대출자에게 부과하는 대출금리가 만들어진다. 대출금리가 상승하는 경우는 두 가지다. 한국은행이 기준금리를 인상하면 대출금리는 당연히 상승한다.

그렇지만 한국은행이 기준금리를 인상하지 않아도, 경기가 안 좋아지고 시중에 자금이 경색되면 금융기관 또는 대출자의 신용위험이 높아져 대출금리가 상승한다.

| 신용 스프레드 |

(신용 스프레드 = 3년 만기 회사채 금리 - 3년 만기 국고채 금리)

금융시장에서 일반적으로 신용 스프레드는 '3년 국고채와 3년 더블 A등급 회사채'의 가산금리 차이를 말한다. 3년물은 만기가 5년물보다는 짧고 1년물보다는 길다. 단기채와 장기채의 성격을 모두 반영한다는 점에서 3년물은 일종의 시장금리 지표 역할을 한다.

만기가 멀수록 신용 스프레드가 확대되면 '경기상황을 부정적'으로, 만기가 멀수록 신용 스프레드가 축소되면 '경기상황을 긍정적'으로 해석한다. 신용 스프레드가 점점 더 확대된다는 것은 시간이 갈수록 신용도가 점점 더 위험해진다는 의미이기 때문이다. 그러니까 다음 그림에서 차트A는 부정적, 차트B는 긍정적으로 해석할 수 있다.

■ **신용 스프레드**

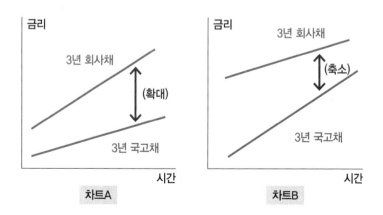

| 장단기 스프레드 |

(장단기 스프레드=10년 만기 국고채 금리 - 3년 만기 국고채 금리)

장단기 스프레드는 3년 국고채와 10년 국고채의 간격을 말하는데, 일반적으로 경기가 악화되거나 미래가 불안할수록 금융시장에서 가장 안전하다고 평가 받는 국고채, 그중에서도 장기 국고채로 자금이 속속 유입된다. 그래서 경기회복이 더디고 미래가 불투명할 때는 장단기 스프레드가 지속적으로 축소된다. 즉, 만기가 멀수록 장단기 스프레드가 확대되면 경기상황을 긍정적으로, 만기가 멀수록 장단기 스프레드가 축소되면 경기상황을 부정적으로 해석한다.

따라서 다음 그림에서 차트A는 긍정적, 차트B는 부정적으로 해석할 수 있다.

■ 장단기 스프레드

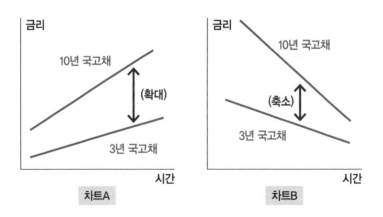

| SOFR-OIS 스프레드 |

과거에는 '테드 스프레드TED Spread'도 관심을 가져야 할 지표 중 하나였다. 테드 스프레드는 미국 단기 국채Treasury Bill와 유로달러Euro Dollar의 머리글자를 합친 것으로, 3개월 런던은행 간 금리인 리보금리LIBOR와 3개월 미국 국채T-Bill의 수익률 차이를 나타내는 지표다. 미국 국채는 무위험자산이라고 할 수 있다. 그런데 은행 간 금리와 무위험 자산인 미국채의 금리 차이가 커진다는 것은 그만큼 달러를 구하기가 어렵다는 것을 뜻한다. 즉, 달러의 유동성이 축소됨을 의미한다.

다만, 리보금리 조작 사건 이후로는 테드 스프레드 대신 'SOFR-OIS 스프레드'를 많이 사용한다. SOFR-OIS 스프레드는 SOFR 금리와 OIS 금리의 차이를 의미하는 금리 스프레드의 일종이다. SOFRSecured Overnight Financing Rate은 미 연준이 2021년부터 리보금리를 대체하기 위해 도입한 지표로, 미국 내 은행 간 자금 거래에 적용되는 금리다. OISOvernight Index Swap는 하루짜리 초단기 대출의 이자율을 지수화한 것이다. OIS 금리는 무위험 금리로 간주되어 신용 위험이 없는 금리로 인식된다. 따라서 SOFR-OIS 스프레드는 자금 시장의 신용 위험을 파악하는 데 활용된다.

평소에는 이 지표에 큰 관심을 가질 필요가 없지만, 혹시라도 SOFR-OIS 스프레드가 요동치면 세계 경제에 뭔가 심상찮은 일이 벌어지고 있다고 유추할 수 있다. 은행들마저 높은 금리를 지불해야 한다면 이미 경제가 정상이 아닐 가능성이 높기 때문이다. 따라서 경제 매체에 갑자기 SOFR-OIS 스프레드라는 말이 등장하면 그때부터는 관심을 가져야 한다.

| 콜금리 |

일시적으로 자금이 부족한 금융기관이 자금이 남는 다른 금융기관에 자금을 빌려달라고 요청하는 것이 '콜'이다. 그리고 이러한 콜에 대한 이자율이 콜금리다. 콜금리가 약간씩 변하는 건 크게 신경 쓸 필요가 없다. 하지만 만약 콜금리가 20bp 이상, 즉 0.2% 이상 변동한다면 단기자금시장에 문제가 발생했다고 볼 수 있으므로 그럴 때는 금융시장에 관심을 가지고 지켜봐야 한다.

| 고용지표, 소비자물가지수, 개인소비지출, 소매판매지수 |

미국의 고용지표는 매달 첫 번째 금요일 오전 8시 30분에 노동부 산하 노동 통계청에서 발표한다. 이때 미국의 실업률, 비농업부문 고용지수가 같이 발표되는데, 이 중에서 비농업부문 고용지수를 유심히 살펴야 한다. 실제 고용과 직접 관계가 있는 지표이기 때문이다. 실제 수치가 예상치보다 높은 경우에는 달러화의 가치와 전망이 긍정적이라는 뜻이고, 낮은 경우에는 그 반대다.

소비자물가지수CPI가 중요하다는 것은 다들 잘 알 것이다. 이 수치를 볼 때는 항상 '컨센서스', 즉 '시장예측치'와 어느 정도 부합하는지를 함께 살펴야 한다. 절대적인 수치보다는 예상보다 높은지 낮은지가 중요하다. 예상치에 부합한다면 시장에서는 이 수치를 이미 반영했다고 판단할 수 있다. 소비자물가지수 상승은 가계의 실질임금 감소를 의미하며 인플레이션의 변동을 측정하는 중요한 지수다. 소비자물가지수에서 변동성이 큰 음식과 에너지 소비를 제외한 지표를 '근원 소비자물가지수Core CPI'라고 한다.

개인소비지출PCE은 가계가 직접 지출한 소비뿐 아니라, 정부지원 의료보험과 같이 실질적으로 소비자가 지출하지 않은 간접적 지출도 포함해서 그 가치를 평가한다. 개인소비지출에서 변동성이 큰 음식과 에너지 소비를 제외한 지표를 '근원 개인소비지출Core PCE'이라고 한다.

소매판매지수RSI도 중요하다. 소매판매지수는 매달 중순에 발표된다. 소매판매는 미국 전체 활동에서 차지하는 비중이 30% 이상이기 때문에 실제 실물경기 상황을 잘 나타낸다. 다만, 계절적 요인이 있다는 점을 염두에 둬야 한다.

15

혁신산업에서 살아남는 조건

| 경쟁강도: 피 터지는 경쟁을 하지 않는 기업 |

다음은 내가 어느 책에서 읽은 내용이다. 섬유회사를 운영하는 사장에게 어느 날 실 짜는 기계를 만드는 사람이 찾아와서 이렇게 말했다.

"획기적인 기계를 발명했는데, 기존 기계보다 생산성이 2배나 높습니다. 이 기계를 도입하면 막대한 비용을 절감할 수 있고, 3년만 지나면 투자한 자본을 모두 회수할 수 있습니다."

이 말에 넘어간 섬유회사 사장은 많은 돈을 투자해서 기계를 모두 교체했다. 이제 섬유회사 사장은 3년만 지나면 정말로 돈을 벌 수 있을까?

이에 대해 워런 버핏은 그렇지 않다고 보았다. 생산성이 뛰어난 새로운 기계로 바꿨어도 섬유회사의 자기자본이익률ROE은 여전히 4%에 불과할 것이므로 돈을 벌지 못한다는 것이다.

　그 이유는 새로운 기계에서 나오는 생산성 향상의 혜택이 모두 소비자에게 돌아가기 때문이다. 버핏은 지금까지 섬유산업에서 생산성을 높이는 발명품이 수없이 많이 나왔지만, 회사 입장에서는 막대한 자본을 계속 투입했을 뿐 수익성이 개선되어 돈을 많이 벌었다는 말을 들어본 적이 없다고 덧붙였다.

　이것이 섬유산업의 문제점이다. 새로운 기계가 나와서 생산성이 향상되면 그만큼 섬유 제품의 가격이 내려간다. 그래서 섬유회사는 계속 돈을 벌지 못한다. 생산성 향상에서 오는 혜택은 모두 소비자에게 돌아갈 뿐이다.

　버핏은 반면에 지방에 있는 유일한 신문사라면 얘기가 달라진다고 말했다. 미국에는 〈월스트리트저널〉이나 〈뉴욕타임스〉와 같은 전국신문이 있고, 각 지역에서 발행하는 지역신문이 있다. 내가 살던 오하이오주의 콜롬버스에는 〈콜롬버스 디스패치〉라는 지역신문이 있었다. 중고차를 직거래하거나 지역의 어느 매장에서 세일한다는 광고는 모두 지역신문에 싣기 때문에 주민들은 이 신문을 잘 챙겨 본다.

　그런데 만약 이런 지역 신문사가 새로 나온 인쇄기를 이용해서 신문을 더 효율적으로 제작한다면 어떻게 될까? 새로운 인쇄기를 사용해 절감한 비용은 모두 신문사의 이익으로 돌아갈까? 그렇다! 그 지역의 유일한 신문사라서 신문 가격을 낮출 필요가 없기 때문이다. 그래서 생산성 향상으로 얻는 이익의 대부분을 독점한다.

　여기서 섬유회사와 지역 신문사의 본질적인 차이점이 무엇인지 생각해 보자. 이 둘의 차이는 '경쟁이 얼마나 치열한가?'다. 지역 신문사는 그 지역의 유일한 신문사라서 원가가 내려가도 가격을 낮출 필요가 없다. 하지만 섬유회사는 치열한 경쟁에서 이겨야 한다. 만약 우리나라에 단 1개의 섬유회사만 있고 수입도 불가능하다면, 섬유회사는 가격을 낮출 필요가 없을 것이다. 하지만 우리나라에는 수많은 섬유회사가 있기 때문에 제조원가가 내려가면 그만큼 가격을 낮춰서 경쟁력을 높여야 한다.

혁신산업도 마찬가지다. 아무리 혁신산업일지라도 만약 경쟁이 치열하다면 생산성 향상의 혜택은 모두 소비자에게 돌아갈 것이고, 기업이 그 혜택을 누리기는 어렵다. 혁신산업의 초창기에는 그 업(業)을 하는 기업들이 우후죽순으로 생겨나기 때문에 피가 터지는 경쟁을 피할 방법이 없다.

버핏은 이런 기업을 '끔찍한 기업'이라고 했다. 그는 빠르게 성장하는 과정에서 막대한 자본투자를 필요로 하지만, 돈은 거의 벌지 못하는 기업을 '최악의 기업'이라고 단정했다. 그러면서 항공사를 예로 들었다. 라이트 형제의 비행기 발명 이후 항공산업은 투자자들에게 끝없는 자본을 요구했으며, 혁신적인 항공산업에 매료된 투자자들이 엄청난 규모의 돈을 쏟아부었지만 높은 경쟁 탓에 결과는 밑 빠진 독에 물 붓기였다는 것이다. 요약하면, 아무리 혁신산업일지라도 경쟁이 치열하면 투자하지 말아야 한다는 것이다.

삼성전자가 국내 시가총액 1등 기업으로서 독보적 위치를 차지하고 있는 이유는 무엇일까? 여러 가지 이유가 있겠지만 나는 경쟁이 제한

적이기 때문이라고 생각한다. 메모리 반도체 시장은 큰데 '삼성전자', 'SK하이닉스', 미국의 '마이크론 테크놀로지Micron Technology' 등 단 3개 업체가 독과점을 형성하기 때문이다. 만약 메모리 반도체를 만드는 업체가 20개 정도 있다면 어떻게 될까? 서로 거래처를 확보하기 위해 출혈 경쟁을 하느라 돈을 벌지 못할 것이다. 반대로 만약 섬유회사가 전 세계에 딱 3개만 있다면 어떻게 될까? 이 회사들도 엄청난 금액의 돈을 벌 것이다. 따라서 삼성전자가 돈을 많이 버는 결정적 이유는 독과점 사업이라 경쟁이 거의 없기 때문이지 혁신산업이라서가 아니다.

'경쟁강도', 이것이 가장 큰 차이점이다. 따라서 막 태동하는 혁신산업에 속한 기업이 돈을 벌기 위해서는 경쟁강도가 약해져야 한다. 경쟁이 심한 상황에서는 '높은 마진을 안정적이고 지속적으로' 남길 수 없다.

| 치킨게임: 극한의 경쟁에서 살아남은 승자 |

높은 마진을 보장받으려면 수많은 업체가 난립하면 안 되고 메모리 반도체처럼 3~4개 업체로 재편되어야 한다. 그렇기 때문에 어떤 산업의 성장성이 아무리 좋다고 할지라도, 투자하기 전에 경쟁강도를 미리 파악해야 한다. 혁신산업임에도 불구하고 경쟁강도가 세다면, 십중팔구 극한의 경쟁을 통해 승자를 골라내는 과정을 거쳐야만 한다.

삼성전자가 세계 최고의 메모리 반도체 회사로 확실하게 자리 잡은 이유는 두 번에 걸친 치킨게임에서 최종 승자가 되었기 때문이다. 그 과정에서 삼성전자는 기업의 명운을 걸고 승부를 펼쳐야 했고, 그간 난립했던 20여 개의 메모리 반도체 회사가 3개로 정리되었다.

1983년 고 이병철 삼성그룹 창업회장의 도쿄선언을 계기로 삼성전자는 본격적으로 메모리 반도체 산업에 진입했다. 때맞춰 도래한 PC의 수혜에 힘입어 삼성전자는 반도체 회사로 입지를 굳혀갔다. 그 당시 일본 반도체는 품질이 뛰어난 만큼 가격도 비쌌다. 하지만 보급형 PC에는 품질은 괜찮으면서 가격에서도 이점이 있는 반도체가 필요했는데 삼성전자의 반도체가 여기에 적합했다. 이에 삼성전자 반도체의 판매량이 크게 늘어났다.

PC의 수혜로 성장가도를 달리던 삼성전자는 두 번의 승부수를 던지며 세계적인 반도체 기업으로 성장해 나갔다. 그 첫 번째는 스택Stack 기술의 채택이었고, 두 번째는 200mm 웨이퍼 공정으로의 전환이었다.

하지만 우리나라에 IMF 외환위기가 닥치면서 반도체 회사들도 여러 가지 어려움을 겪게 되었다. 그 당시 일본의 반도체 업계도 구조조정을 통해 '일본전기NEC Corporation'와 '히타치Hitachi'의 메모리 반도체 부문, '미쓰비시MITSUBISHI'의 D램 부문이 합쳐지며 '엘피다Elphda'로 통합되었다.

이 틈을 타서 대만 기업들이 메모리 반도체 시장에 뛰어들었다. 이들은 기술력을 확보한 뒤 2007년 치킨게임을 시작했다. 그 결과, 당시 주력 제품이던 512MB D램의 가격이 2006년 6.8달러에서 2009년 0.5달러로 하락했다. 하지만 출혈경쟁이 계속되는 어려운 상황에서도 우리 기업들은 오히려 투자를 늘리는 등 대만에 전혀 밀리지 않았다.

치킨게임의 결과는 참담했다. 삼성전자는 -14.3%, SK하이닉스는

-51%, 마이크론은 -47.9%, 대만의 '난야 테크놀로지Nanya Technology'와 '이노테'는 각각 -105.6%와 -57.9%의 영업이익률을 기록했으며, 설립 당시 D램 세계 2위였던 독일의 '키몬다Qimonda'는 파산했다. 일본의 엘피다는 공적자금과 은행의 도움으로 간신히 버텼고, 치킨게임을 시작했던 대만 업체들은 고용량 D램 시장에서 철수했다. 결국 한국의 삼성전자와 SK하이닉스 그리고 미국의 마이크론이 치킨게임의 최종 승자가되었다.

그 후 대만과 일본 업체들이 2010년에 다시 한번 치킨게임을 벌였다. 이들이 생산시설과 설비에 대한 투자를 확장하고 증산을 통해 D램의 공급을 확대하자, 이에 대응하여 삼성전자와 SK하이닉스도 대대적인 설비투자를 통해 D램 공급량을 증대해 나갔다. 결국 늘어난 공급량으로 인해 2.7달러였던 1G D램 가격이 7개월 만에 1달러 밑으로 추락했다. 그 결과 누적 적자가 6조 원에 이른 일본의 엘피다는 다시 회복하지 못한 채 사실상 파산했고 결국 미국의 마이크론에 인수되었다. 대만의 기업들도 D램 사업에서 철수하거나, 가전제품 등에 쓰이는 저용량 D램 제품만 제작하는 등 반도체 전쟁 전선에서 물러나고 말았다.

이렇게 두 번의 치킨게임에서 살아남은 삼성전자와 SK하이닉스, 미국의 마이크론 등 3개사는 과점 체제를 유지하면서 그동안 입었던 손실을 만회하는 것은 물론이고 막대한 이윤을 창출하게 되었다. 이른바 메모리 반도체 빅3 체제의 완성이었다. 이러한 험난한 과정을 거쳐서 비로소 독과점을 완성했기 때문에 메모리 반도체 빅3의 수익성이 좋아졌다고 할 수 있다.

특히 2등 업체인 SK하이닉스의 생존은 극적이었다. SK하이닉스의 전신은 현대그룹의 '현대전자'다. 현대전자는 김대중 정부 당시 '빅딜' 정책에 따라, 15조 원을 들여 LG그룹의 반도체 사업을 인수했지만, 이것이 부메랑이 되어 심각한 자금난에 빠졌다. 이를 견디지 못한 현대전자는 결국 부도가 났고, 워크아웃에 들어가면서 현대전자에서 SK하이닉스로 회사명이 바뀌었다. 하이닉스는 영어로 Hynix인데, Hy가 현대의 약자다. 그러면서 4만 원이던 주가가 무려 99.7%나 떨어진 135원까지 하락했다.

정부가 준 여러 가지 혜택 덕분에 일단 생존하긴 했지만, 풍전등화(風前燈火)에 놓인 SK하이닉스의 위기는 계속되었다. 그 와중에 채권단이 SK하이닉스를 미국의 마이크론에 매각하겠다고 결정했다. 이들이 미국으로 가서 마이크론과 매각에 관한 MOU까지 체결하면서 SK하이닉스를 마이크론에 넘기는 것은 기정사실이 되었다. 이제 SK하이닉스 이사회만 통과하면 SK하이닉스의 경영권이 마이크론으로 넘어가는 상황이었다. 하지만 마지막 순간에 SK하이닉스 이사들이 반란을 일으켰다. SK하이닉스를 마이크론에 넘기기를 거부한 것이다. 너무 헐값에 팔아넘기는 상황인 데다, 정부의 도움만 있으면 충분히 살아남을 수 있다고 판단한 듯하다. 이에 SK하이닉스가 청산되거나, 아니면 채권단이 마이크론을 다시 찾아가 더 낮은 가격에라도 제발 인수해 달라고 사정할 것이라는 예상이 당시에는 지배적이었다.

이런 지독한 치킨게임을 거쳐 20여 개였던 메모리 반도체 회사가 삼성전자, SK하이닉스, 마이크론 등 3개 업체로 줄었다. 이들 3개 업체는 다른 경쟁사들이 다 사라졌기 때문에 지금과 같은 높은 마진과 시장 지배력을 가지게 되었다. 만약 20여 개 메모리 반도체 업체가 다 존재한다면 이는 터무니없는 일이다. 즉, 반도체 3사가 돈을 많이 번 것은 반도체가 혁신산업이라서가 아니라, 경쟁업체가 사라져서 경쟁강도가 약해졌기 때문이다.

| 승자가 결정된 후에 |

우여곡절 끝에 어떤 회사가 치킨게임의 승자가 되었다고 가정해 보자. 이 회사는 승자가 되는 과정에서 커다란 손실을 입었을 가능성이 크다. 예를 들어 치킨게임 전보다 주가가 70% 더 떨어졌을 수도 있고, 90% 더 떨어졌을 수도 있다. 앞에서도 언급했듯이, 치킨게임을 거치면서 하이닉스의 주가는 4만 원에서 135원으로 99.7%나 하락했다. 주가가 처음부터 끝까지 꾸준하게 우상향하는 건 불가능하다. 그렇다면 주주로서 굳이 이렇게 힘든 과정을 거칠 필요가 있을까?

하이닉스는 메모리 반도체 치킨게임의 최종 승자 중 하나다. 하지만 본인이 당시 하이닉스 주주였다면 4만 원이던 주가가 135원까지 하락하는 과정을 버틸 수 있었을까? 이 과정을 버틸 수 있는 주주는 사실상 없다고 봐야 한다. 설사 없는 돈으로 생각하고 주식을 내팽겨쳤던 주주들도 주가가 본전 부근에 오면 지긋지긋한 나머지 몽땅 팔아버릴 것이다. 인간의 심리가 그렇다. 주식투자에서 이익을 내기가 어려운 이유다.

그렇기에 주식투자자라면, 경쟁이 심한 초창기 혁신산업에서는 승자가 결정된 후 해당 산업의 선두업체에 편안하게 투자하는 게 좋다. 삼성전자와 하이닉스가 메모리 반도체 치킨게임의 승자로 결정된 후에 이 두 업체에 투자를 시작했다면 지금은 아주 커다란 수익을 얻었을 것이다.

승자가 결정된 후에 투자해야 하는 또 다른 이유가 있다. 어떤 산업의 성장성이 크다고 해서 그 혜택이 반드시 기존 업체에 돌아가는 것은 아니다. 1980년대에 반도체의 성장성이 크다고 해서 그 혜택이 기존의 반도체 1등 회사에 돌아가는 것이 아니고, 1990년대에 인터넷 산업의 성장성이 크다고 해서 그 혜택이 기존의 인터넷 1등 회사에 돌아가는 것이 아니라는 뜻이다. 즉, 해당 산업의 성장성이 크다는 것과 해당 산업에 속한 기업의 주가가 오르는 것은 완전히 별개다.

1980년대에 가장 유망한 혁신산업을 꼽으라면 아마도 반도체일 것이다. 누군가가 혜안이 있어서 1980년대 말에 반도체 1등 기업에 장기투자를 결심하고 그 주식을 샀다고 가정해 보자. 이 투자자는 당연히 성공하지 않았을까? 정말 예상대로 되었는지 살펴보자.

다음 표에서 보다시피 1989년에 반도체 1등 기업은 일본의 NEC였다. NEC 주식에 장기투자를 했다고 가정하자. 이건 잘한 투자일까? 그렇지 않다.

반도체 산업이 미래의 성장산업인 만큼 엄청나게 성장한 것은 맞다. 하지만 당시 반도체 분야의 1등이었던 NEC는 후에 엘피다로 통합

■ 반도체 회사의 매출액 순위

순위	1989년	2009년	2021년
1	NEC	Intel	Samsung
2	Toshiba	Samsung	Intel
3	Hitachi	Toshiba	TSMC
4	Motorola	Ti	SK Hynix
5	TI	St Micro	Micron
6	Fujitsu	Qualcomm	Qualcomm
7	MITSUBISHI	Hynix	NVIDIA
8	Intel	Renesas	Broadcom
9	Matsushita	AMD	Media Tek
10	Phillips	Infineon	TI

출처: IC Insights(2021년 자료) / 주식, 디지털 자산, 연금, 자산 투자 가이드(1989년, 2009년 자료).

된 후, 치킨게임 때 대규모 적자를 내고 사실상 업계에서 사라졌다. 만약 당시 세계 최고의 반도체 1등 기업이었던 NEC에 투자했다면 손실이 걷잡을 수 없이 커졌을 것이다. NEC뿐만 아니라 그 당시 10위 내에 있던 다수가 업계에서 사라졌거나 존재감이 없어졌다. 대신에 그 당시에는 존재감이 없던 '인텔Intel'이라든가, '삼성전자', '퀄컴Qualcomm' 같은 기업들이 2000년대 이후 시장을 지배하기 시작했다.

혁신산업의 초창기에는 왜 이런 일들이 발생할까? 아직 산업이 초창기라서 기업들 간의 기술격차가 크지 않고, 회사의 규모에서도 큰 차이가 나지 않는다. 업력이 짧아서 축적한 노하우나 데이터에도 큰 차이가 없다. 그렇기 때문에 한두 번의 실수나 성과에 의해 기업의 승패가 의외로 쉽게 갈린다.

1970년대에 등장한 PC는 1980년대에 들어서며 본격적으로 보급되었다. 그 당시 글로벌 선두를 달리던 일본 기업들은 '고품질 제품이 수요를 창출한다'는 관점을 가지고 있었지만, 반도체 산업에 막 발을 들였던 우리 기업들은 '시장이 필요로 하는 제품을 싸게 공급한다'는 반대의 관점으로 시장에 접근했다고 앞서 언급했다. 일본 반도체 기업들의 경영상 실수가 우리나라 반도체 기업들에 새로운 기회를 준 것이다. 산업 초창기에는 경영진의 사소한 실수 하나로 업계 순위가 바뀔 만큼 입지가 불안정하다는 것을 알 수 있다.

1990년대 말에 생겨난 인터넷 포털도 마찬가지다. 인터넷 산업 초창기에 우리나라에서 압도적 1위를 차지했던 포털 기업은 '다음커뮤니케이션'이었다. 그 당시 다음커뮤니케이션의 인기는 하늘을 찌를 듯 높아서 상장만 하면 코스닥 시가총액 1위는 떼놓은 당상이었다. 1990년대 말 '야후Yahoo'가 우리나라에 '야후코리아'를 설립하고 서비스를 시작하자 사람들 사이에서 큰 인기를 끌었다. 너도나도 야후코리아 주식을 사고 싶어 했다. 만약 야후코리아가 우리나라 주식시장에 상장한다면 주가가 1,000만 원이 넘을 것이라는 예측도 나왔다. 당시 분위기상 그렇게 예측하는 건 당연했다. 인터넷이 폭발적으로 성장하는 분야였던 데다 야후는 전 세계에서, 다음커뮤니케이션은 국내에서 압도적 1등 인터넷 기업이었기 때문이다. 아니나 다를까 다음커뮤니케이션은 1999년 11월 9일 주당 1만 원에 코스닥에 상장했는데, 그다음 해 1월 4일에는 주가가 40만 원을 넘어섰다. 두 달도 안 돼서 무려 40배나 오른 것이다.

만약 2000년대 초반에 인터넷 산업이 혁신산업이라는 이유로 1등 업체인 야후와 다음커뮤니케이션에 장기투자를 했다고 가정해 보자. 이 투자는 잘한 것일까? 그렇지 않다. 야후는 '구글Google'에 밀려나서 지금은 존재감이 없어졌고, 다음커뮤니케이션은 'NAVER'에 밀려 '카카오'에 흡수되어 버렸다.

그 당시 야후는 사람이 편집한 디렉터리를 사용했지만, 후발업체인 구글은 검색 알고리즘을 기반으로 한 새로운 접근법을 도입했다. 만약 인터넷 검색 산업이 충분히 성숙한 상태에서, 즉 야후가 1위 자리를 확고히 굳힌 상태에서 구글과 같은 신생업체의 도전을 받았다면 아마도 충분히 방어할 수 있었을 것이다. 하지만 그 당시는 산업의 초창기였기 때문에 구글이 야후를 쉽게 넘어설 수 있었다.

다음커뮤니케이션도 마찬가지다. 다음커뮤니케이션이 인터넷 포털에서 승승장구로 1위를 독주하자 경영진은 한 가지 이상한 결정을 내렸다. 바로 이메일 서비스에 요금을 매기겠다는 것이었다. 이와 반대로 후발주자인 NAVER는 '지식IN'이라는 새로운 개념의 지식 교류 서비스를 도입하여 공전의 히트를 기록했다. 결과적으로 경영진의 이렇듯 사소한 결정 한두 가지 때문에 인터넷 포털의 1위 자리가 뒤바뀌었다. 만약 지금 이런 일이 발생한다면 1위 자리를 지키고 있는 NAVER는 충분히 방어하겠지만, 그 당시 다음커뮤니케이션은 산업의 초창기라 불안정했기 때문에 1위 자리를 허무하게 내주고 말았다.

| 혁신산업 초창기, 숨 고르기가 필요하다 |

그러면 혁신산업의 초창기에는 어떤 방식으로 투자해야 할까? 승자가 드러날 때까지 기다렸다가 장기투자 하는 것이 가장 승률이 높다. 예를 들면, 인터넷 포털의 승자가 구글과 NAVER로 결정된 다음에 투자하는 것이다. 한번 생각해 보자. A라는 사람이 인터넷 초창기에 1등 기업인 야후나 다음커뮤니케이션에 장기투자를 했다고 하자. 그리고 B라는 사람은 인터넷 포털의 승자가 결정된 후 1등 기업이 된 구글과 NAVER에 장기투자를 했다고 하자. 누가 더 큰 수익을 얻었을까? 정답은 다들 알 것이고, 아마 수익률은 하늘과 땅 차이일 것이다.

정리해 보면, 새로 태동한 혁신산업은 성장산업일 가능성이 매우 크다. 투자자 중에도 성장주에 투자한다는 생각으로 경쟁강도가 센 혁신산업의 초창기 기업에 장기투자를 결정하는 사람들이 많다. 그렇지만 어떤 산업에 투자를 시작하기 전에는 경쟁강도를 먼저 살펴야 한다. 만약 해당 산업의 경쟁강도가 세다면 향후 치킨게임을 거쳐 승자를 가리는 과정이 뒤따를 것이다. 이 경우 수익률을 높이려면 승자가 결정된 후에 해당 산업에 투자해야 한다.

산업 자체가 굉장한 성장산업이라고 해서 해당 산업의 기업이 반드시 성장하는 것은 아니다. 경쟁강도가 센 경우에는 숲을 보지 말고 나무를 봐야 한다. 삼성전자나 SK하이닉스의 주가가 반도체 산업이 태동했던 초기에 많이 상승한 것이 아니라, 승자가 가려진 후에 훨씬 더 크게 상승했다는 사실은 우연이 아니다.

| 떠오르는 혁신산업 '로봇'에 대해 |

여기서 한 가지 의문이 생긴다. 로봇산업은 혁신산업이고 현재 태동기에 속한다. 2023년에 로봇 관련 주의 주가는 수백 퍼센트씩 상승했다. 만약 혁신산업에서는 승자가 결정된 다음에 투자해야 한다면, 이러한 태동기의 커다란 상승을 그저 지켜봐야만 할까?

그렇지 않다. 혁신산업의 주가상승 사이클을 이해하면 그 이유를 알수 있다. 이와 관련해 설명하기에는 2000년의 인터넷, IT 관련 섹터가 가장 적합하므로 이 섹터를 통해 그 이유를 알아보자.

다음 차트는 '시스코 시스템즈Cisco Systems'의 상장 후 주가 흐름이다. 2000년 IT버블 때 급격한 주가 상승이 일어났다. 이런 현상이 발생한 이유는 2000년이 이제 막 인터넷 시장이 개화하던 혁신산업의 초창기였고, 주식투자자들의 관심을 끌기 시작한 시기였기 때문이다. 이렇게

■ **시스코 시스템즈의 주가**

(단위: 달러)

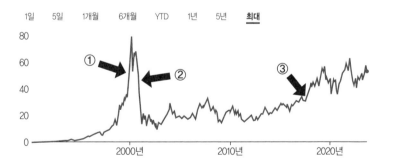

출처: 구글 금융.

성장주 패러다임

성장성이 큰 혁신산업이 시장의 관심을 끌기 시작하는 초창기에는 이런 식으로 큰 주가 상승이 일어난다. 주가가 10배, 20배씩 상승하는 경우가 많다. 앞 차트의 ①번에 해당한다.

그러다가 주가가 너무 올라서 거품이라는 판단이 서면 조정에 들어간다. 앞 차트의 ②번에 해당한다.

그 후 회사의 진짜 성장성이나 실적에 따라서 주가가 크게 오르기도 하고, 횡보하기도 하고, 떨어지기도 한다. 앞 차트의 ③번이 여기에 해당한다.

시스코 시스템즈 주가는 2000년에 IT와 인터넷이라는 혁신산업의 광풍이 불 때 크게 상승한 후, 거품이 빠져나가면서 하락했다. 그러다가 이후에 실적이 좋아지고 배당이 늘어나면서 점진적으로 우상향하고 있다.

그런데 만약 어떤 기업이 해당 분야에서 압도적 1등 기업으로 확고하게 자리 잡으면 주가 흐름은 어떻게 될까? 다음 페이지의 아마존 차트와 같이 된다.

이 차트만 보면 2000년에 굉장히 큰 상승이 있었다는 것을 잘 모를 것이다. 차트에서 ①이 2000년인데, 아마존의 주가가 2008년 이후로 꾸준히 계속 올랐기 때문에 2000년의 상승은 그야말로 조족지혈(鳥足之血)이라 눈에 띄지 않는다.

하지만 실제로 아마존의 주가는 2000년에 0.2달러에서 5달러로 25배나 올랐다. 그리고 거품이 꺼지고 나서는 다시 0.5달러로 떨어져 주가가 10분의 1토막이 되었다. 그렇지만 이커머스eCommerce 등에서 큰 성

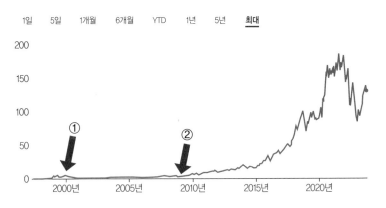

■ **아마존의 주가**

(단위: 달러)

1일   5일   1개월   6개월   YTD   1년   5년   **최대**

출처: 구글 금융.

공을 거두면서 인터넷 1등 기업으로 자리 잡기 시작한 2008년부터 주가가 다시 크게 상승하기 시작했다. 위 차트에서 ②가 2008년이다. 아마존의 주가는 2008년 2달러에서 2021년 170달러까지 무려 85배나 상승했다.

정리해 보자. 첫째, 어떤 혁신산업에서 시장이 개화하면 초창기에 주가가 크게 상승한다. 대중의 관심을 끌기 시작했기 때문이다. 인터넷이 대중의 관심을 끌기 시작한 2000년에 시스코 시스템즈나 아마존이 10배씩, 20배씩, 30배씩 오른 것이 여기에 해당한다.

둘째, 이렇게 상승하다가 거품이 너무 커졌다고 판단되는 순간 거품이 꺼지면서 그 섹터의 모든 주식이 하락한다. 앞서 예로 든 아마존처럼 10분의 1토막이 된다.

셋째, 같은 혁신산업 분야에 속했다고 할지라도 이후에는 실적에 따라서 주가가 차별화된다. 따라서 1등 기업이 자리 잡은 후 이 기업에 투자하는 것이 가장 안전하고 높은 수익을 얻을 수 있는 방법이다. 이제 기다렸다가 승부가 결정된 후 장기투자에 들어가야 한다는 게 무슨 의미인지 이해했을 것이다. 이커머스 분야의 1등이 아마존으로 결정된 후 아마존에 투자를 시작했다면 최대 85배의 수익을 얻었을 것이다.

2023년은 로봇산업이 태동기였기 때문에 대중이 관심을 가지기 시작한 초창기였다. 2000년에는 인터넷과 IT가 혁신산업이었다면, 2023년의 혁신산업은 로봇산업이다. 2000년의 인터넷 산업이 그랬듯이, 혁신산업의 태동기에는 주가가 크게 상승해 30~40% 정도가 아니라 300~400%씩 수익을 준다. 만약 2000년과 같이 주식시장 전체가 크게 상승하는 대세상승장이라면 100배씩 수익을 안겨주기도 한다. 예를 들면, 2000년 당시 미국의 인터넷 대장주였던 야후는 29주 만에 78배의 수익을 안겨줬고, 우리나라 인터넷 대장주였던 '새롬기술'은 6개월 만에 주가가 150배나 상승해서 주식 역사상 최고 상승률을 기록했다.

그러므로 혁신산업의 주가 사이클을 아는 투자자라면, 다음 페이지의 차트와 같이 굳이 승부가 결정될 때까지 기다릴 필요 없이 초창기에 투자해도 큰 상승분을 취할 기회가 있다. 즉, 차트의 ①에서 매수해 ②에서 매도하는 전략을 세울 수 있다. 혁신산업의 주가 사이클을 알면 대응할 수 있고, 대응할 수 있으면 아무 문제가 없다. 그러다가 기업 간에 승패의 윤곽이 드러나는 D지점에서 1등주를 매수해 장기투자를 하면 가장 큰 수익을 얻을 수 있다.

'로봇산업이 유망하니까, 10년 정도 묵혀두면 많이 오르겠지'라는 막

■ **혁신산업의 주가 전개**

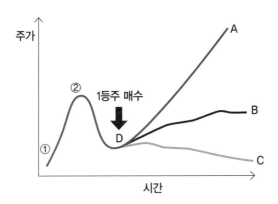

연한 생각으로 무작정 장기투자를 하면 안 된다. 혁신산업은 초창기에 크게 상승했다가 다시 조정받은 후 개별 회사의 실적에 따라서 주가가 차별화될 가능성이 큰데, 어느 기업이 궁극적으로 1등이 될지 초기에는 아무도 모르기 때문이다.

| 로봇 관련 주의 매매전략 |

위 차트가 로봇 관련 주라면 ①지점에서 매수했다가 ②지점에서 매도한 후 기다렸다가, 승부가 결정된 D지점에서 1등인 A기업에 장기투자 하는 것이 좋은 전략이다.

대략 5년 후 D지점에서 어떤 로봇 관련 주가 A가 될 가능성이 클까?

우리나라에는 삼성전자의 레인보우로보틱스, 두산그룹의 두산로보틱스가 있고, 최근에 한화그룹이 산업용 협동로봇 시장에 진출했다. LG전자의 로봇도 있고, 현대차그룹의 로봇도 있다. 로봇이 미래를 지배할 핵심산업이다 보니 대기업 간의 경쟁이 치열하다.

글로벌하게는 일본의 로봇 기술이 크게 발전했다는 건 잘 알려진 사실이고, 중국 기업들도 우리나라에 뒤지지 않는 기술력에 가격까지 싼 것이 장점이다. 미국과 유럽에도 훌륭한 로봇 회사들이 많고 '테슬라Tesla'도 있다. 우리나라 로봇 기업들이 이런 기업들과 경쟁해 글로벌 시장에서 큰 성과를 낼 수 있을지 아직은 미지수다.

특히 테슬라의 CEO 일론 머스크Elon Musk는 "앞으로는 로봇이 자동차보다 더 큰 비즈니스가 될 것이다. 테슬라는 세계에서 가장 큰 로봇회사다Robots to be bigger business than Tesla cars. Tesla as the World's Biggest Robot Company"라고 말하는 등 테슬라를 세계 제일의 로봇회사로 육성하겠다는 의욕이 대단하다.

현시점에서 어느 회사가 미래의 로봇산업에서 승자가 될지는 불투명하다. 다시 한번 강조하지만, 앞 차트에서 주가가 일단 ②지점에 이르렀다고 판단되면 매도했다가, 최종 승자가 결정된 후 D지점에서 장기투자를 하는 것이 가장 좋은 방법이라고 생각한다.

16

성장주의 매수와 매도
(feat. 피터 린치)

| 하키 스틱 곡선 |

'하키 스틱 곡선'이라는 게 있다. 대기과학자인 마이클 만Michael Mann 등이 지난 1,000년 동안의 북반구 평균기온을 분석하여 그래프를 만들었는데, 900년 이상 일정한 수준을 보이던 기온 곡선이 20세기 후반에 들어서며 가파르게 상승했다. 그런데 그 모양이 꼭 하키 스틱처럼 생겨서 이를 '하키 스틱 곡선'이라고 한다.

경영 분야에서도 '하키 스틱 커브'라는 말을 사용한다. 어떤 임계점을 넘는 시점이 오면 성장성이 폭발하는 산업을 말하기도 하고, 임계점을 넘는 시점에 매출과 이익이 급증하는 기업을 말하기도 한다. 우리는 이 하키 스틱이 구부러졌다가 올라가기 전, 성장성이 폭발하기 전에 해당 주식을 매수해야 한다. 즉, 본격적인 성장구간에 진입하기 훨씬 이전부터 미리 주식을 매입해야 한다. 그러려면 해당 산업의 이해가 필수적이다. 어떤 산업에 투자하고 싶다면 해당 산업의 공부를 미리 해두어야 한다.

■ 하키 스틱

| 성장주의 주가 상승곡선 |

앞에서 성장주는 실적에 비례해서 오르는 것이 아니라 기하급수적으로 오른다고 이야기했다. 1단계로 회사의 매출과 이익이 늘어나면 이에 비례해서 주가가 상승하고, 2단계로 매출과 이익이 증가하면 투자자들이 높은 PER을 인정해 주어 주가가 또 오른다고 말했다. 그래서 성장주에서 주가와 실적의 관계는 $y=ax$와 같은 1차 함수가 아니라 $y=ax^2$과 같은 2차 함수다.

이는 주가가 하락할 때도 마찬가지다. 다른 섹터의 주식들은 실적이 악화되면 주가가 그만큼만 하락하지만 성장주는 다르다. 상승할 때 기하급수직으로 상승한 만큼 하락폭이 훨씬 크다. 성장주는 하락하는 시기를 예측하는 것도 굉장히 어렵다. 그렇기 때문에 성장주만의 차별화된 특성을 잘 이해해야 한다.

예를 들어, KT&G와 같은 배당주가 있다고 하자. 이 기업의 이익이 10배 늘어난다면 주가는 오를까? 이익이 늘었으니 배당도 많이 줄 것이라는 기대 때문에 주가는 당연히 오를 것이다. 거의 모든 기업에서 이익이 증가하면 주가가 오른다고 예측할 수 있다.

그러면 성장주도 이익이 10배 증가하면 주가가 오를까? 꼭 그렇지만은 않다. 안 오른다는 것이 아니라 오를지 어떨지 모른다는 뜻이다. 앞에서 삼성전자와 LG에너지솔루션을 비교하며 성장주의 상승에 관해 이야기했다. 다시 한번 이 두 기업을 비교해 보자.

| LG에너지솔루션 vs. 삼성전자 |

2차 전지 업체인 LG에너지솔루션은 2023년 현재 우리나라의 대표적 성장주 중 하나라서 높은 PER이 용인된다. 그래서 삼성전자의 PER은 8.80배에 불과한데, LG에너지솔루션의 PER은 무려 150배에 가깝다.

이제 이런 생각도 한번 해 보자. 지금은 2차 전지의 성장성이 크다고 해도 세월이 흐르면 2차 전지 분야도 어느 정도 안정궤도에 진입할 것이고 성장률이 둔화할 것이다. 그러면 투자자들은 LG에너지솔루션에 부여된 PER을 축소할 것이다. 이는 매우 자연스러운 과정이다. 앞서 혁신산업에 속했던 반도체도 그랬고, 인터넷도 그랬다.

시간이 흘러 2차 전지의 성장성이 둔화하면서 주식시장에서 LG에너지솔루션의 PER을 삼성전자와 똑같이 8.80만큼만 인정해 준다고 가정해 보자. 언젠가는 LG에너지솔루션도 삼성전자 수준의 PER을 적용받을 날이 올 것이다. 성장속도가 둔화하면 굳이 LG에너지솔루션의 PER을 삼성전자보다 더 높게 인정해 줄 이유가 없기 때문이다. 그러므로 이는 단순한 가정이라기보다는 미래에 나타날 현상으로 보는 것이 더 타당하다.

2022년에는 LG에너지솔루션의 순이익이 7,800억 원에 불과했다. 그런데 2차 전지 산업이 성장하면서 LG에너지솔루션의 수익성이 획기적으로 좋아져, 순이익이 7조 8,000억 원으로 무려 10배나 늘었다고 가정하자. 그러면 주가가 오를까?

그렇지 않다. 주가는 오히려 하락한다. 왜냐하면 이익은 10배가 늘

■ 삼성전자와 LG에너지솔루션의 2022년 실적 비교

기업	PER	순이익	시가총액
삼성전자	8.80배	55조 6,500억 원	380조 원
LG에너지솔루션	149.31배	7,798억 원	102조 원

출처: NAVER 증권.

었지만 투자자들이 PER을 약 17분의 1로 줄여버렸기 때문이다. 그러니까 이익이 10배나 늘어도 PER을 삼성전자만큼만 인정해 주는 때가 오면 주가는 오히려 하락한다. 이런 현상이 나타나는 이유는 주식시장에서는 성장성이 둔화된다고 판단하면 적용 PER을 급격히 낮춰버리기 때문이다.

가끔 방송에서 '향후 이익이 몇 배 늘어나니까 주가가 몇 배 오를 것이다'라고 예측하는 전문가들이 있는데, 이러한 논리는 성장주에는 적용되지 않는다.

| 성장주 매도에 대한 피터 린치의 조언 |

이에 대해 피터 린치는 회사 상황이 악화되어 이익이 줄어들면 투자자들이 올려놓은 PER도 내려간다고 했다. 그러면서 만약 의류 브랜드 '갭Gap'이 신규매장 설립을 중단하고, 기존 매장들이 초라해 보이기 시작하며, 자녀들이 갭에서는 유행 중인 표백한 데님 의류를 팔지 않는다고 불평한다면 매도시점이라고 했다. 또한 월스트리트 분석가 다수가 해당 주식을 추천하고, 해당 주식의 60%를 기관투자자가 보유하고 있으며, 주요 잡지 다수가 CEO를 칭찬하는 기사를 싣는다면 확실한 매도시점이라고 했다.

성장주는 경기 상승기에는 PER이 높아져 터무니없이 비논리적인 수준까지 올라가기도 하는데 이때가 매도시점이라고 했다. 예를 들면,

아무리 성장주라고 해도 거대 기업의 PER이 50까지 올라가면 매도시점이고, 호텔 체인인 '홀리데이인Holiday Inns'이 PER 40배에 거래되면 매도시점이라고 했다.

그는 다음과 같은 경우도 매도신호로 보았다.

- 지난 분기 동일점포의 매출이 3% 감소했다.
- 신규매장의 실적이 실망스럽다.
- 고위 임원 두 사람과 핵심 직원 여럿이 경쟁사로 옮겨 갔다.
- 회사가 최근 2주 동안 12개 도시에서 기관투자가들에게 과장된 스토리를 내세우면서 '겉만 번드르르한' 쇼를 하고 돌아왔다.
- 다음 2년의 이익성장률에 대해 가장 낙관적인 예측조차 15~20%인데도, 주식이 PER 30에 거래되고 있다.

피터 린치가 살았던 시대는 지금보다 훨씬 낭만적이고 합리적인 시절이었다. 지금은 매도시점이 그 당시와 비교도 할 수 없을 만큼 빨라졌다. 만약 동일점포의 매출이 3% 줄었다면, 신규매장의 실적이 실망스럽다면 이미 매도시점은 한참 전에 지났다고 보면 된다. 지금 주식시장에서 성장주 매도시점은 성장률이 꺾일 낌새가 약간이라도 보이는 때라고 할 수 있다.

X100

GROWTH STOCK PARADIGM

5장

최고경영자

기업에 투자할 때 가장 중요한 판단 근거를 한 가지만 꼽으라고 한다면 단연 '최고경영자'다. 특히 성장 기업에서는 더욱 그렇다. 최고경영자가 올바른 방향을 제시해야 회사가 제대로 성장할 수 있기 때문이다. 1990년대 말, 다음커뮤니케이션이 인터넷 포털의 최강자였음에도 불구하고 NAVER에 밀려 존재감이 없어진 것은 최고경영자의 역량 때문이었다. 삼성전자가 국내 최초의 전자회사인 LG전자를 넘어선 이유도 마찬가지다. 성장 기업에서 최고경영자의 중요성은 아무리 강조해도 지나치지 않는다. 따라서 어떤 기업에 투자하는 투자자라면 반드시 그 회사의 경영진에 대한 평가를 우선적으로 해야 한다.

17

NAVER의 포시마크 인수, 삼성전자의 도쿄선언

| NAVER의 포시마크 인수 |

NAVER가 '포시마크Poshmark'라는 미국의 중고거래 플랫폼을 인수하자, 외국 증권사의 애널리스트들이 너무 비싸게 인수했다고 호들갑을 떨면서 목표 주가를 낮춰버린 탓에 NAVER의 주가가 크게 하락한 적이 있다.

한번 생각해 보자. 주식 애널리스트들이 이 거래에 대해 무엇을 얼마나 알까? 또 포시마크라는 기업에 대해서는 얼마나 알까? NAVER나 포시마크의 내부 사정이라든가 협상과정 등 민감한 내용은 알지 못했을 테니, 그저 자료나 찾아보고 밸류에이션 계산이나 해보는 정도였을 것이다. 이 정도만으로 조(兆) 단위가 넘어가는 M&A의 효과 등을 알

수는 없다. 사실은 애널리스트들도 이 거래에 대해 아는 것이 별로 없었을 거라는 말이다.

이에 대해 가장 잘 아는 것은 NAVER와 포시마크의 경영진이다. NAVER의 대표는 이 거래에 상당히 낙관적인 견해를 나타냈다. 이 경우 주식투자자 입장에서는 애널리스트를 믿을 것이 아니라 회사의 경영진을 믿을 수 있는지 없는지를 가지고 판단해야 한다. NAVER의 경영진을 신뢰할 수 있으면 주식을 보유해야 하고, 그 반대라면 주식을 매도해야 한다.

포시마크 인수와 관련해서 NAVER의 최수연 대표는 "작년(2022년)에 매출이 포시마크의 20%에 불과한 '디팝Dcpop'이라는 회사도 16억 2,000만 달러에 인수된 만큼, NAVER가 포시마크를 16억 달러에 인수한 것은 굉장히 합리적이라고 평가한다"라고 말했다. 이 말이 사실이라면 NAVER는 이번 거래를 잘한 것이다. 참고로 포시마크는 현금을 약 4억 달러 보유하고 있으므로 이 회사의 실제 인수가는 12억 달러, 우리 돈으로 약 1조 5,600억 원 정도다. 그러면 더 싸게 산 셈이 된다.

그러면서 "리셀, 중고시장 규모가 2026년에는 312조 원 규모로 성장할 것으로 예상되며, 현재는 시장의 태동기이므로 향후 매우 큰 가능성이 있다"라고 밝혔다. 성장성이 크다고 본 것이다. 또한 "NAVER가 신규 사업에 진출할 때 고려하는 것이 첫째, 글로벌인가? 둘째, 1위를 할 수 있는가? 이 두 가지인데, 포시마크 인수는 이에 적합하다"라고 덧붙였다.

다시 한번 생각해 보자. NAVER는 2026년이면 312조 원 규모로 성장하는 분야에 1조 5,600억 원을 지불하고 그 업계의 1등 글로벌 기업을 인수했다. 이것이 애널리스트의 말대로 과연 잘못된 의사결정일까? 최수연 대표의 말이 맞는다면 잘못된 의사결정으로 보이지는 않는다. 그렇다면 이런 비전을 제시하는 NAVER 경영진을 믿을 수 있는지 없는지의 문제로 다시 돌아온다.

우리가 아무리 노력해도 NAVER의 포시마크 인수에 대해 정확히 파악할 수 있는 방법은 없다. 그러니까 이런 거래에서는 그 거래가 제대로 된 것인지 잘못된 것인지를 판단하려고 하지 말고, 회사의 최고경영자를 비롯한 경영진을 믿을 수 있는지 없는지를 판단해야 한다.

NAVER는 이해진 창업자를 중심축으로 해서 지금까지 사업을 아주 잘해 왔다. 그러니 NAVER의 경영진을 믿지 못할 이유는 없다고 생각한다.

| 삼성전자의 반도체 진출, 도쿄선언 |

과거로 돌아가서 삼성전자의 예를 살펴보자. 1983년 2월 8일은 삼성그룹의 고 이병철 창업회장이 삼성전자가 반도체 사업에 진출한다고 밝힌, 그 유명한 '도쿄선언'을 한 날이다. 그러면 이 뉴스를 접한 투자자들은 삼성전자 주식을 어떻게 해야 할까? 팔아야 할까? 사야 할까? 그리고 향후 삼성전자 주가 전망은 어떻게 될까? 오를까? 떨어질까?

그 당시 삼성전자 주식이 올랐는지 하락했는지 나는 모른다. 그런데 만약 그 정도로 임팩트 강한 뉴스가 지금 터진다면 삼성전자 주식은 어떻게 될까? 이건 내가 유추할 수 있다. 애널리스트들은 삼성전자가 망할 거라면서 주식을 전부 팔라고 난리를 쳤을 것이다. 그래서 삼성전자 주가는 아마 하한가 근처까지 떨어졌을 것이다.

이 책을 읽는 독자들은 1983년 도쿄선언 이후 삼성전자가 반도체 사업에 뛰어들었을 때 삼성그룹의 임원들이 적극 찬성하고, 우리나라 정부도 적극 후원하는 우호적인 분위기에서 반도체 사업을 시작했을 거라고 생각할지도 모른다. 하지만 실상은 정반대였다. 사실상 삼성그룹의 모든 임원이 반도체 사업 진출을 반대했다. "TV 하나도 제대로 못 만드는데 반도체를 만드는 건 시기상조이고 위험하다"라는 것이 반대하는 이유였다. 삼성전자가 반도체 사업에 성공할 거라고 믿는 사람은 삼성그룹 내부에도 없었다고 해도 과언이 아니다. 오직 이병철 창업회장과 이건희 선대회장, 단 두 사람만이 성공할 수 있다고 자신했다.

우리나라 정부도 마찬가지였다. 삼성그룹이 반도체에 뛰어들면 망할지도 모르고, 그러면 우리나라 경제가 무너진다며 반도체 사업을 포기하라고 말렸을 정도였다.

미국의 인텔은 삼성그룹의 이병철 회장을 '과대망상증 환자'라고 비웃었고, 일본의 미쓰비시 연구소는 「삼성이 반도체 사업에서 성공할 수 없는 5가지 이유」라는 굉장히 유명한 보고서를 냈다. 이 보고서에서는 '작은 내수시장', '취약한 관련 산업', '부족한 사회간접자본', '삼성전자의 열악한 규모', '빈약한 기술' 등 5가지를 성공할 수 없는 요소로 꼽았다.

하지만 지금은 어떤가? 삼성전자는 현재 글로벌 1위의 메모리 반도체 회사다. 반도체 없는 삼성전자는 생각할 수도 없다.

타임머신을 타고 이병철 회장이 '도쿄선언'을 했던 1983년으로 돌아 갔다고 가정해 보자. 우리는 삼성전자가 반도체 사업에 뛰어든다는 뉴스를 접했다. 이때 우리가 주목해야 하는 것은 애널리스트들의 의견이 아니다. 삼성그룹의 경영진을 믿을 수 있느냐 없느냐, 즉 이병철 회장과 이건희 회장을 믿을 수 있느냐 없느냐로 판단해야 한다. 이 판단을 내리기 위해서는 삼성전자가 그때까지 어떻게 사업해 왔는지를 보면 된다.

삼성전자는 1969년에 창업한 이래 굉장히 어려운 여건에서 사업을 성공시켜 왔다. 우리나라 최초의 전자회사는 LG전자라고 할 수 있다. LG전자의 창업 당시 사명은 '금성사'였다. 금성사는 1958년에 설립되었고, 1959년에 국내 최초로 '골드스타 A-501'이라는 라디오를 만들었다.

기술 수준이 워낙 취약했기에 골드스타 A-501 라디오는 끊임없는 기술 문제를 일으켰다. 심지어는 '카멜레온 라디오'라는 별명이 붙었는

■ 골드스타 A-501 라디오

데, 그 이유는 햇볕을 쬐면 라디오 케이스의 색깔이 변했기 때문이었다. 그래서 소비자들은 금성사의 라디오를 외면했고, 금성사는 거의 부도 직전까지 갔다. 소비자들은 품질이 좋은 미국과 일본의 밀수품 라디오만 찾았다.

이런 금성사를 살려준 것이 사실상 우리나라 정부였다. 1961년 5.16 군사 쿠데타 이후 박정희 당시 '국가재건최고회의부의장', 즉 박정희 대통령이 금성사 근처를 지나다가 우연히 금성사 공장에 들렀다. 그는 공장이 어려움에 처해 가동을 거의 중단한 것을 보고는 곧바로 「밀수품 근절에 대한 최고회의 포고령」을 발표했고, '전국의 농어촌에 라디오 보내기 운동'을 대대적으로 전개했다. 이것이 금성사가 되살아나는 데 결정적인 계기로 작용했다. 그때부터 금성사 라디오는 불티나게 팔렸고, 금성사 라디오라면 거들떠보지도 않던 라디오 판매상들이 이제는 공장으로 우르르 몰려와서 제품을 달라고 사정할 지경에 이르렀다.

그 후 금성사는 국가가 보호해 주는 내수시장에서 탄탄대로를 걸으며 순조롭게 사업을 키워 나갔다. 국가의 적극적인 지원 아래 큰 어려움 없이 사업을 확장해 나간 것이다.

반면 삼성전자는 1969년에 설립되었는데, 일본 '산요전기Sanyo Denki'의 기술을 이전받아 제품을 생산할 계획이었다. 그러자 금성사를 비롯한 국내 전자업체들의 반발이 극심했다. 삼성전자는 생산물량의 85%는 수출하고 국내에는 15%만 판매하겠다고 제안했지만, 기존 전자업체들은 삼성전자가 국내에서는 단 한 대의 TV도 팔아서는 안 된다며 삼성전자의 국내 시장진입을 필사적으로 막았다. 삼성전자는 하는 수 없이

성장주 패러다임

생산물량의 100%를 해외에 수출하는 조건으로 설립 허가를 받았다.

당시 국내 가전제품 가격은 국제시세에 비해 3배나 비쌌다. 국내에 제품을 팔던 기존 전자회사들은 그만큼 폭리를 취하고 있었기 때문에 이런 노다지 시장을 삼성전자와 나눠 가질 생각이 손톱만큼도 없었다. 그래서 삼성전자는 어쩔 수 없이 전량을 해외에 수출하는 조건으로 허가를 받아야 했다.

여기서 한번 생각해 보자. 이제 막 새로 설립된 신생 회사가 만드는 제품의 품질이 좋을 리가 없다. 삼성전자의 제품들도 마찬가지였기에 삼성전자는 해외 시장 개척에 큰 어려움을 겪었다. 더구나 국내에서는 판매할 수 없었기 때문에, 국내에서 제품을 판매하는 회사에 비하면 3분의 1 가격에 물건을 판매하는 것과 마찬가지였다.

삼성전자는 이렇듯 아주 어려운 여건에서 사업을 시작했다. 웬만한 기업이나 경영자 같았으면 부도를 내거나 중도에 사업을 포기했을 것이다. 하지만 삼성전자는 이러한 어려움을 이기고 1983년에는 국내 최고의 전자회사로 성장했다. 이병철 회장과 이건희 회장은 경영자로서 역량을 충분히 입증한 셈이었다.

지금까지 삼성전자가 걸어온 길을 살펴보았다. 다시 앞의 질문으로 돌아가 어떤 답을 해야 할지 생각해 보자. 1983년 삼성전자가 반도체 사업에 진출한다는 뉴스를 접했을 때, 투자자들은 겁에 질려 삼성전자 주식을 팔기보다는 이병철 회장과 이건희 회장을 믿고 장기투자를 해볼 수도 있었을 것이다. 그러다가 아니다 싶으면 그때 팔아도 늦지 않다.

현재 삼성전자와 LG전자의 위상은 그야말로 하늘과 땅 차이인데,

이런 차이가 생긴 이유는 단 하나, 바로 최고경영자의 차이다.

| 성장주에서 최고경영자는 절대적 지표다 |

다시 NAVER로 돌아와서, 우리 같은 일반 투자자들은 NAVER가 포시마크를 잘 인수했는지 아닌지를 판단할 수 없다. 애널리스트들도 모르기는 마찬가지다. 그러면 어떻게 해야 할까?

과거에 NAVER 경영진이 합리적으로 정확하게 판단해 왔는지를 돌아보고, 그렇다고 생각되면 믿어보는 것이다. 초창기 인터넷 포털의 절대적 강자는 다음커뮤니케이션이었지만 지금은 NAVER가 압도적인 1등이다. 이해진 창업자를 비롯한 NAVER의 경영진은 그들의 능력을 충분히 입증했다고 할 수 있다. 그렇다면 NAVER를 믿고 기다려보는 것도 좋은 방법이다. 아니나 다를까, 몇 달 후 NAVER와 포시마크의 시너지가 확인되자 애널리스트들은 NAVER의 포시마크 인수를 칭찬하면서 태도를 바꾸었다.

■ NAVER의 포시마크 인수효과 관련 기사

뉴스홈   최신기사

[특징주] 네이버, '포쉬마크 인수효과' 호평 속 연일 강세

송고시간 | 2023-05-09 09:18

출처: 연합뉴스(2023.5.9).

피터 린치도 애널리스트들에 대해 상당히 부정적이었다. 그는 월스트리트 애널리스트 40명이 어떤 주식을 최우선으로 추천하면 그때가 매도시점이라고 했다.

저서《전설로 떠나는 월가의 영웅》에서 그는 뉴잉글랜드 지역 소방관의 일화를 소개했다. 1950년대에 이 소방관은 P&G에 투자했는데, 그 이유는 공장이 무섭게 확장되는 모습을 확인했기 때문이었다. 이 회사가 번창하는 것이 아니라면 이토록 빠르게 확장할 리가 없다고 생각한 그는 2,000달러를 투자했다. 그리고 이후에도 매년 2,000달러씩 5년간 투자했다. 그 결과 이 소방관은 백만장자가 되었다.

피터 린치는 이 소방관이 대박을 낸 중요한 이유가 P&G에 투자한다는 사실을 주식 전문가에게 물어보지 않았기 때문이라고 했다. 만약 주식 전문가에게 물어봤다면 틀림없이 P&G 주식이 아니라 기관이 매수하던 다른 주식을 추천했을 것이기 때문이었다. 그런데 소방관은 다행히도 이들에게 자문을 구하지 않았기 때문에 백만장자가 될 수 있었다고 그는 말했다.

다시 한번 말하지만 최고경영자는 회사의 절반 이상이다. 최고경영자를 빼고서 회사를 평가할 수 없다. 특히 성장주에서는 더욱 그렇다.

18

정의^{definition}의 중요성

| '플레이스테이션3'은 무엇인가? |

이번에는 인기 좋은 '플레이스테이션Playstation' 게임기에 대한 이야기다. '소니 컴퓨터 엔터테인먼트Sony Computer Entertainment(이하 SCE)'가 1994년에 개발한 플레이스테이션과 그 후속 제품으로 2000년에 내놓은 플레이스테이션2는 공전의 히트를 치며 기록적인 판매량을 기록했다. 특히 플레이스테이션2의 판매량은 무려 1억 5,500만 대에 이를 정도로 전 세계적인 메가 히트작이었다. 이에 고무된 SCE는 후속 작품인 플레이스테이션3의 개발에 착수했다.

플레이스테이션3의 개발을 맡은 것은 플레이스테이션1과 2의 개발자였다. 전작의 성공에 취해서 그랬는지 모르겠지만, 플레이스테이션

3의 개발자가 너무 오버했던 것 같다. 계획이 너무 원대했다는 말이다. 개발자는 플레이스테이션3에 대해 다음과 같이 말했다.

"플레이스테이션3은 게임기도 아니고, 가전도 아니고, PC도 아닙니다. 가정용 슈퍼컴퓨터라고 할 수 있습니다."

이 말처럼 과하다 싶을 정도로 혁신적인 기술을 모두 쏟아붓다 보니 가격이 너무 올라갔다. 플레이스테이션3은 2006년 11월에 발매될 예정이었는데, 하드디스크 용량이 20기가인 모델의 가격이 6만 2,790엔이었다. 그러자 너무 비싸다는 비판이 끊이지 않았다. 그래서 하는 수 없이 4만 9,980엔으로 가격을 인하했지만 여전히 비싸다는 의견이 대부분이어서 팔리지 않았다. 회사는 결국 플레이스테이션3의 실패로 2,300억 엔의 적자를 떠안았다.

회사에는 위기가 찾아왔고, SEC의 미국 지사를 맡아서 성공적으로 사업을 이끌어온 히라이 가즈오Hirai Kazuo가 구원투수로 등장해 본사의 최고경영자로 취임했다. 사장에 취임한 뒤 그가 회사를 살리기 위해 취한 첫 번째 조치는 사업의 정의(定義)를 명확히 하는 것이었다.

그는 '플레이스테이션3은 무엇인가? 또 SEC는 어떤 회사인가?'를 정의하는 것에서부터 시작했다. 개발자는 플레이스테이션3을 가리켜 '가정용 슈퍼컴퓨터라고 해도 과언이 아니다'라고 했다. 사실상 플레이스테이션을 가정용 컴퓨터로 정의한 것이다. 하지만 히라이가 판단하기에 고객 입장에서는 플레이스테이션이 가정용 컴퓨터가 될 수는 없었다. 그래서 그는 사원들과의 미팅에서 나온 "플레이스테이션3이 뭐라고 생각하느냐?"라는 질문에 "이건 누가 뭐라고 해도 게임기다"라고 정의했다.

사업을 할 때 회사나 제품을 '어떻게 정의하느냐' 하는 문제는 굉장히 중요하다. 예를 들어, 미국의 철도회사가 '우리는 철도회사'라고 정의하면 그 회사는 철도 이외의 사업은 하지 않는다. 교통수단이 철도에서 비행기로, 또 자가용으로 바뀐다면 오로지 철도에만 전념하는 이 회사는 도태될 가능성이 크다.

그런데 만약 이 철도회사가 '우리는 운송회사'라고 정의하면, 철도 외에 여객기라든가 여객선 등 변화하는 트렌드에 맞춰 새로운 분야로 사업 범위를 넓혀 나갈 수 있다. 이를 가장 잘 보여준 예가 바로 '이스트만 코닥Eastman Kodak'과 '후지필름Fuji Film'이다.

코닥은 필름을 만드는 회사로 스스로를 정의했다. 그래서 오로지 필름에 집중했고, 필름이 없어지는 시대가 오자 사실상 파산했다. 반면에 후지필름은 같은 필름을 만드는 업체였지만, 스스로를 필름을 만드는 회사가 아닌 화학회사로 정의했기에 재빠른 변신이 가능했다. 현재 후지필름은 글로벌 의료기기 제조업체이기도 하다.

다시 플레이스테이션으로 돌아와서, 플레이스테이션 제품을 명확히 정의했다면 이것이 출발점이 된다. 일단 회사는 플레이스테이션3이 게임기라고 정의했다. 그러면 SCE는 무엇을 하는 회사가 되어야 할까? 당연히 게임이라는 엔터테인먼트를 제공하는 회사가 되어야 한다. 결코 컴퓨터 회사가 될 수는 없다. 이렇게 상품과 회사의 정의를 명확히 하자 문제점이 보이면서 회사가 가야 할 길도 보이기 시작했다. 만약 가정용 컴퓨터라면 5만 엔, 6만 엔도 싼 가격이었지만, 게임기라면 무조건 가격을 낮춰야 했다. SCE가 제일 먼저 해야 할 일은 비용절감에 매달리는 것이었다.

우선 원가 절감을 위한 첫 번째 계획으로 '플레이스테이션2'와의 호환성을 없앴다. 그리고 가격도 1만 엔을 더 낮췄다. 하지만 여전히 2만 5,000엔인 닌텐도 Wii를 이길 수 없었고, 적자가 지속되었다.

끊임없는 노력 끝에 외양은 같은데 무게는 1.8kg, 본체 두께는 30%를 줄여 플레이스테이션3의 가격을 2만 9,980엔까지 낮췄다. 이는 3년 전 발매 당시 가격에서 무려 40%나 낮춘 가격이었다. 플레이스테이션3은 그제야 비로소 적자에서 벗어났다.

회사라면 당연히 내야 하는 이익을 내기 위해 3년 반이나 걸린 것이다. 그 이유는 개발자가 처음에 제품의 정의를 잘못 내렸기 때문이다. 게임기도 아니고 컴퓨터도 아닌 어중간한 상태! 전임자가 플레이스테이션은 게임기라는 사실을 망각했다는 것이 더 옳은 표현일지도 모른다. 개발자뿐 아니라 전임 사장의 책임도 막중하다. 플레이스테이션2의 성공에 취해서 개발자가 하자는 대로 승인해 줬기 때문이다. 전임 사장은 무능한 최고경영자였다고 할 수 있다.

경영자건 개발자건 책임지는 위치에 있는 사람은 항상 어떤 프로젝트를 할 때 그 프로젝트의 정의를 잘 내려야 한다. 이상을 추구하다가 현실을 망각해서는 안 된다. 최고경영자가 회사의 정의를 잘못 내리는 바람에 회사가 구제불능 상태에 빠진 사례는 많다.

| 정의의 재정의 |

정의(定議)가 얼마나 중요한지 알 수 있는 사례는 무궁무진하다. 넷플릭스가 처음부터 현재와 같은 사업 모델을 확립한 것은 아니었다. 넷플릭스의 처음 사업 모델은 '인터넷으로 비디오테이프나 DVD를 대여'해 주는 것이었다. 고객이 렌털 서비스를 신청하면 넷플릭스는 회송용 봉투와 함께 빨간색 봉투에 DVD를 담아서 고객에게 보내주었다. 빨간색 봉투가 너무 인상적이어서 넷플릭스 하면 사람들은 곧바로 빨간색 봉투를 떠올릴 정도였다.

그런데 넷플릭스 창업자 리드 해스팅스Reed Hastings는 이러한 아이디어가 특별하지 않다는 것을 잘 알았다. 그는 엔터테인먼트, 유통, 온라인 판매 분야에서 강력한 브랜드를 가진, 거대하고 자금이 풍부하며 경험이 많은 기업들 중 하나가 결국은 자기가 발견한 기회를 똑같이 발견하리라 예상했다. 그 거대 기업은 '아마존', '애플', '월마트', '디즈니Disney' 중 하나일 수도 있었다. 하지만 가장 두려운 상대는 같은 업종의 '블록버스터'였다. 블록버스터는 미국 최대의 오프라인 비디오테이프 대여점이었다. 마음만 먹으면 얼마든지 사업영역에 온라인 대여를 추가할 수 있었다. 비디오테이프와 DVD는 이미 보유했으니 사업 영역을 온라인으로 확장하기만 하면 되었다. 이에 해스팅스는 블록버스터가 넷플릭스를 몰아내기 위해 온라인 영화 대여 사업에 거액을 투자하기로 했다는 기사를 보게 될 것이라고 매일 상상하곤 했다. 잠재적 경쟁사의 레이더에 포착되지 않도록 조용히, 그러나 빠르게 성장하여 덩치를 키

성장주 패러다임

우는 것이 그의 유일한 희망이었다.

하지만 헤스팅스의 염려와는 달리 블록버스터는 그렇게 하지 않았다. 자신의 사업영역을 '오프라인 비디오테이프, DVD 대여점'으로 정의했기 때문이다. 그러다가 한참 시간이 흐른 후 온라인에 진출했지만, 그때는 이미 늦었기에 파산을 피할 수 없었다.

삼성전자는 가전제품을 만드는 회사로 출발했다. 만약 삼성전자가 '우리는 가전회사'라고 정의했다면 반도체 사업에 뛰어들지 않았을 것이다. SK이노베이션 역시 '우리는 정유회사'라고 정의했다면 2차 전지 사업을 시작하지 않았을 것이다. 정의는 이토록 중요하다. 그런데 이런 정의를 제대로 내리지 못하는 서툰 최고경영자들이 의외로 많다. 코닥이나 블록버스터가 여기에 속한다. 이런 사장이 경영하는 회사는 조심해야 한다.

한편, SCE를 정상화한 히라이 가즈오는 어떻게 되었을까? 그는 SCE를 정상화한 공로를 인정받아 2012년에 모회사인 '소니Sony'의 사장으로 취임했다. 당시 소니는 백척간두(百尺竿頭), 그야말로 벼랑 끝에 서 있다고 해도 과언이 아니었다. 연결손익은 4년 연속 적자, 게다가 적자가 조금씩 더 늘어나서 2011년에는 최대 적자인 2,550억 엔을 기록했고, 한때 세계 최고라는 TV는 8년 연속 적자를 기록 중이었다. 세계 최고를 자랑하던 소니TV의 추락이었다.

그렇지만 히라이가 사장 자리에서 물러날 무렵 소니는 무려 10조 원의 흑자를 내는 탄탄한 회사로 탈바꿈했다. "7조 원 적자에서 10조 원 흑자로!" 최고경영자의 역할은 이렇게나 중요하다.

19

무분별한 확장과
건강한 성장을 구별하라

| 선택과 집중 – 매각을 동반하는 건강한 확장 |

덩치만 커지는 게 성장은 아니다. 올바른 방향으로 확장하는 것이 성장이다. 비핵심 사업이나 수익성이 떨어지는 사업은 매각하고, 그렇게 마련한 자금으로 확실히 시너지가 날 만한 곳에 배팅해야 올바른 방향으로 성장할 수 있다.

하지만 원칙도 없이 중구난방으로 사업을 확장하는 경우도 자주 보이는데, 매우 실망스럽다고 할 수 있다. 이는 최고경영자의 역량부족으로 발생하는 현상이다. 이런 회사의 주식은 사면 안 된다. 국내외 사례를 몇 가지 살펴보자.

| 랠스턴 퓨리나와 두산 |

1970년대 미국에서는 사업다각화가 유행이었다. 그 당시 시너지 효과라는 명목 아래, 관련 없는 산업으로 다각화하지 않으면 뒤떨어진 경영자 취급을 받았다. '랠스턴 퓨리나Ralston Purina'도 이런 기업들 중 하나였다. 랠스턴 퓨리나는 동물용 사료를 만드는 데 오랜 업력을 지닌 기업으로 〈포춘〉 선정 100대 기업이었다. 이 회사는 기존 사료 사업을 바탕으로 창출한 대규모 현금흐름을 사업다각화에 투입했다. 버섯 농장, 콩 농장, 패스트푸드 레스토랑 '잭 인 더 박스Jack In The Box', 하키팀 '세인트루이스 블루스Saint Louis Blues', 콜로라도에 있는 스키리조트 '키스톤Keystone'까지 다양한 사업을 영위했다. 그렇지만 사업 간에 시너지 효과가 없었고, 그 결과 이 회사의 주가는 10년 동안 꼼짝도 하지 않았다.

하지만 새로운 최고경영자 빌 스티리츠Bill Stiritz가 취임한 후 모든 것이 달라졌다. 그가 취임하자마자 맨 처음 한 일은 수익성이 그의 기준에 미치지 못하는 사업들을 적극적으로 매각한 것이었다. 그는 잭 인 더 박스, 버섯 농장, 세인트루이스 블루스 하키팀 등을 팔아치웠고, 이어 콩 사업, 기타 레스토랑, 식품서비스 사업 등 다른 비핵심 사업들도 정리했다.

이를 통해 스티리츠는 랠스턴 퓨리나를 유명 제품 브랜드를 가진 순수한 소비재 전문 업체로 재탄생시켰다. 이는 워런 버핏이 버크셔 해서웨이 경영을 맡은 초반에 수익성이 떨어지는 섬유 사업에서 수익이 훨씬 높은 보험 사업과 미디어 사업으로 방향을 전환한 것과 다르지 않다.

이렇게 자금을 마련한 후 그는 '에너자이저Energizer' 배터리 사업부문 인수에 나섰다. 에너자이저는 미국 화학기업인 '유니언 카바이드Union Carbide'에 속한 하나의 사업 부문이었다.

에너자이저 배터리 사업은 강력한 브랜드를 지녔음에도 불구하고 오랫동안 유니언 카바이드의 비핵심 부문으로 방치돼 있었다. 그래서 유니언 카바이드는 에너자이저 사업 부문을 매각할 의향이 있었다. 스티리츠가 판단하기에 에너자이저는 '듀라셀Duracell'과 함께 배터리 시장을 장악한 상태였고, 소비재 사업 경험이 없었던 유니언 카바이드의 마케팅 전문성과 관리역량이 부족한 탓에 운영관리가 엉망이었을 뿐 사업 자체는 아주 매력적이었다. 그래서 랠스턴 퓨리나가 이 사업을 인수하면, 그동안 쌓아온 브랜드 및 소비재 사업 부분의 노하우를 이용해 에너자이저를 미국 최고의 배터리 회사로 키울 자신이 있었다.

예상대로 에너자이저는 큰 성공을 거뒀고, 1980년대 후반에 이르자 소비재 사업 수익은 랠스턴 퓨리나 전체 수익의 거의 90%에 다다랐다. 이러한 변신은 회사의 핵심 운영지표에 괄목할 만한 영향을 끼쳤다. 랠스턴 퓨리나의 사업 포트폴리오에서 자사 브랜드 제품 비중이 커짐에 따라 세전이익률이 9%에서 15%로 높아졌고, 자기자본이익률은 15%에서 37%로 2배 이상 뛰었다.

그 후에도 스티리츠는 선별적으로 사업 매각과 기업 인수를 병행하면서 브랜드 포트폴리오를 최적화했다. 만족스러운 수익이 나지 않는 사업은 지속적으로 매각하거나 폐업했다.

우리가 주목해야 할 것은 비핵심자산은 끊임없이 매각하고, 매각한 자금으로 시너지 창출이 가능한 핵심자산을 사들인 스티리츠의 전략이다. 이와 비슷한 국내 사례로 두산그룹을 꼽을 수 있다. 두산그룹은 한때 KFC, 코카콜라, 오비맥주 등의 사업을 영위하는 대표적인 소비재 관련 그룹이었다. 하지만 유동성 위기가 닥치자 소비재 관련 기업들을 전부 매각해 급한 불을 끈 후 2001년 '한국중공업(현 두산에너빌리티)', 2004년 '고려산업개발', 2005년 '대우종합기계'를 인수하며 글로벌 인프라 지원사업으로 포트폴리오를 전환했다.

2010년대에 들어서면서 '두산건설'의 재무구조 악화로 또다시 유동성 위기가 닥치자 두산그룹은 DST 지분 50%와 '한국항공우주' 지분 그리고 '두산인프라코어' 공작기계 부문을 잇달아 매각했다. 그 후 '두산로보틱스'를 설립해 협동로봇 산업에 진출하고, '두산테스나'를 인수해 반도체 산업으로 영역을 확장하는 등 끊임없이 사업을 재조정해 왔다. 2022년 3월에 두산그룹이 인수한 두산테스나는 시스템 반도체 후공정 업체로, 국내 웨이퍼 테스트 부문에서 독보적인 1위 자리를 지키고 있다. 두산로보틱스는 온 국민의 관심을 받으며 2023년 가을에 화려하게 증권시장에 입성했으며, 성장성이 매우 큰 로봇시장에서 핵심기업으로 자리매김하고 있다.

과거에 두산그룹은 대표적인 소비 산업 위주의 포트폴리오를 가지고 있었지만 제조업 위주로 포트폴리오를 전환했고, 이제는 인공지능 기술을 떠받치는 반도체를 비롯해 AI를 적용한 협동로봇 제조 분야로 사업을 확장하며 4차 산업혁명을 이끌 핵심기업이라는 평가를 받고 있다.

비핵심자산을 끊임없이 매각하는 동시에 수익성 높은 사업으로 포트폴리오를 지속적으로 전환하는 두산그룹의 경영진은 높게 평가할 만하다. 경영진의 이런 적극적인 노력이 없었다면 아마도 두산그룹은 예전에 사라졌을 것이다. 주기적으로 발생하는 유동성 위기를 극복하지 못했을 테니 말이다. 그러니 앞으로 두산그룹에서 성장성이 큰 새로운 사업을 추진하거나 관련 기업을 상장한다면, 이런 회사는 주의 깊게 살펴볼 필요가 있다. 예를 들면 두산로보틱스 같은 회사가 여기에 해당한다.

| 무분별한 확장의 결과 |

무분별하게 사업을 확장하다가 어려움에 빠지는 회사가 의외로 많다. 그래서 이와 관련된 사례를 찾는 것은 어렵지 않다. 오히려 너무 많아서 어떤 사례를 소개할지 고민해야 할 지경이다. 우선 미국의 사례부터 살펴보기로 하자.

'에커드Eckerd'는 미국의 약국 체인점이다. 1952년에 플로리다에 3개 매장을 구입한 것을 시작으로 체인점을 계속 확장하면서 1961년에는 주식시장에 상장했다. 1986년에는 전국에 약 1,500개의 매장을 둔 기업으로 성장하면서 전성기를 맞이했다.

그런데 에커드는 1980년대에 '아메리칸 홈비디오American Home Video'를 사들이며 홈비디오 시장에 뛰어들었다. 1981년 에커드 최고경영자는 이렇게 말했다.

"순수할수록 더 좋은 결과를 낸다고 느끼는 사람들이 있습니다. 하지만 난 성장을 원하고, 홈비디오 산업은 팽창 일로에 있습니다. 말하자면 약국 체인과는 다르지요."

같은 약국 체인점인 '월그린스Walgreens'와 비교해 보자. 월그린스는 편리하지 않은 위치의 약국들을 모두 편리한 위치로 옮기는 작업에 우선순위를 뒀다. 특히 소비자들이 여러 방향에서 쉽게 드나들 수 있는 길모퉁이로 옮기는 것이 핵심이었다. 이미 좋은 위치에서 상당한 수익을 내고 있더라도, 바로 옆 길모퉁이에 새로 자리가 나면 임대계약 위약금을 물고서라도 약국을 옮겼다.

월그린스는 차를 타고 들어올 수 있는 약국을 최초로 시험해 본 다음 고객들이 긍정적인 반응을 보이자, 그런 약국을 수백 개나 냈다. 특히 도시 지역에는 월그린스에 오기 위해 고객들이 몇 블록씩이나 걷게 해서는 안 된다는 개념 아래 약국들을 빽빽하게 밀집시켰다. 예를 들어 샌프란시스코 중심가의 경우, 약 1.6km 반경 안에 약국을 무려 9개나 배치했다.

결국 밀집 배치가 지역 차원에서 규모의 경제를 불러왔다. 그 결과 자금에 여유가 생겨 약국을 더 밀집시킬 수 있었고, 이로써 더 많은 손님을 끌어들일 수 있었다. 더 많은 편의가 더 많은 고객을 불러들였고, 방문 고객당 수익까지 늘어나니 자금에 더욱 여력이 생겨 훨씬 더 많은 편의를 제공하는 약국을 만드는 시스템을 구축할 수 있었다.

월그린스가 편의와 밀집 개념을 구현하기 위해 애쓰는 동안 에커드에서는 이와 같은 노력을 찾아보기 힘들었다. 에커드는 여기에 40개, 저기에 30개, 이런 식으로 통일된 테마 없이 중구난방으로 약국을 확장해 나갔다. 성장만을 추구하며 관계도 없는 회사를 사들였다. 캔디 회사도 사들이고, 백화점 체인, 보안 서비스 업체, 식품 서비스 공급 업체도 인수했다. 성장을 위한 성장만을 찾아 헤맨 셈이다.

마침내 에커드의 경영진은 아메리칸 홈비디오를 인수하면서 또다시 승부수를 던졌으나 시너지 없는 성장을 추구한 결과는 참담했다. 경영진이 약국과 홈비디오 간에 어떤 시너지 효과를 노렸는지는 모르겠지만, 결국 파랑새는 없었다.

그 결과 에커드는 3,100만 달러를 날린 뒤 홈비디오 사업을 처분했다. 에커드가 아메리칸 홈비디오를 인수한 바로 그해에 월그린스와 에커드의 매출은 17억 달러로 같았다.

하지만 10년 뒤 월그린스는 매출에서 에커드를 2배 이상 앞질렀고, 지난 10년간 누적 순익은 에커드보다 10억 달러가 많았다. 결국 에커드는 사세를 회복하지 못하고 나중에 'J. C. 페니 컴퍼니J. C. Penny Company'에 인수되면서 역사 속으로 사라졌다.

그 외에 제약회사인 '업존Upjohn'이 플라스틱이나 화학제품과 같이 세계 최고가 될 가능성이 전혀 없는 업종에 뛰어들어 실패한 끝에 결국 1995년 '화이자Pfizer'에 인수된 것이나, 담배 회사인 'R. J. 레이놀즈R. J. Reynolds'가 전 자산의 1/3 가까이를 들여 선적 컨테이너 회사와 석유 회사를 사들였다가 실패를 인정하고 이를 매각한 것도 다 마찬가지다. 이와 관련해서 창업주인 레이놀즈의 한 손자는 이렇게 말했다.

"이 친구들이 담배를 만들어 파는 일에서는 세계 최고지만, 배나 석유에 대해서는 뭘 알겠어요? 그러니 깨지는 건 당연하지요. 그들은 꼭 주머니에 현찰을 두둑이 넣고 다니는 시골 소년들 같아요."

정확한 표현이다. 담배 회사가 무슨 생각으로 컨테이너 회사와 석유 회사를 사들였는지 모르겠다. 성장은 규모를 무작정 키우는 것이 아니라 올바른 방향으로 키우는 것이다. 참고로, R. J. 레이놀즈는 '카멜'과 '켄트' 등 브랜드 담배를 제조하는 미국의 거대한 담배회사다.

최고경영자에게 장기적으로 중요한 것은 주당 가치를 높이는 것이지 기업 전체 규모를 늘리는 것이 아니다. 그리고 순이익보다는 현금흐름이 기업 가치를 결정한다. 이 사실을 제대로 파악하지 못하는 최고경영자들이 많은 것 같다.

무분별한 확장을 떠올릴 때마다 나는 국내의 L그룹이 생각난다. L그룹은 국내 인수합병의 강자였지만, 그 과정을 지켜보며 '왜 저 기업을 인수할까?' 하는 의문을 가진 적이 한두 번이 아니다.

대표적인 것이 '하이마트'를 인수한 것이다. L그룹은 2012년에 가전제품 유통시장 개척과 더불어 백화점과 대형마트, 홈쇼핑 등과 시너지를 창출하겠다며 하이마트를 인수했다. 말은 그럴듯했지만 실제로 무슨 시너지가 난다는 것인지 이해하기 어려웠다. 만약 가전 유통시장 개척에 뜻이 있었다면, 차라리 온라인 가전제품 유통업체인 '다나와'를 인수하는 게 훨씬 시대의 흐름에 맞는 선택이 아니었을까? 그 당시는 가전제품의 유통이 오프라인에서 온라인으로 막 옮겨 가던 시기였으니

■ 하이마트 월봉

말이다. 갈수록 쪼그라들 가능성이 큰 오프라인 가전제품 유통회사를 하필 왜 그 시기에 인수했는지 이해하기가 어려웠을 뿐 아니라, 가전제품 유통이 백화점, 대형마트, 홈쇼핑과 어떻게 시너지가 난다는 것인지도 이해하기 어려웠다.

아니나 다를까, 하이마트는 결국 적자로 전환되었으며 주가는 끊임없이 하락하고 있다. 위 차트는 하이마트의 월봉이다.

2차 전지 동박업체인 '일진머티리얼즈'를 2조 7,000억 원이라는 고평가된 금액에 인수한 것도 이해하기 어려웠다. L그룹은 일진머티리얼즈 인수가 L그룹 산하 케미컬 회사의 배터리 소재 밸류체인을 완성하기 위한 마지막 퍼즐이었다고 밝혔는데, 이 케미컬 회사는 배터리 4대 구성요소인 양극재, 음극재, 전해질, 분리막 중 이미 양극재 핵심

소재인 양극박과 전해액 유기용매, 분리막 소재 등의 생산 체제를 갖췄거나 추진 중이다.

그런 측면에서 볼 때 이 케미컬 회사 입장에서 가장 아쉬운 건 음극재라고 할 수 있는데, 음극재의 핵심 원료는 동박Elecfoil이다. 일진머티리얼즈 인수는 이런 관점에서 이해할 수 있고 시너지를 기대할 수도 있을 것이다.

하지만 마음에 걸리는 부분이 있다. 만약 전고체 배터리가 상용화되면 동박은 2차 전지에 사용되지 않을 거라는 주장이 많다. 전고체 배터리가 지금 당장은 상용화되지 않더라도 5년 후에는 상용화될 가능성이 충분하다. 가장 앞선 전고체 기술을 보유한 '도요타Toyota'는 2023년 6월 13일 기술설명회에서 '전고체 배터리의 내구성 과제를 극복했다'면서 상용화 시기를 2027년이나 2028년으로 예상했다. 우리나라 2차전지 기업인 '삼성SDI'와 'SK On'도 2020년대 말까지는 전고체 배터리 개발을 완료할 것이라는 계획을 밝혔다. 만약 2027년에 동박이 필요 없는 전고체 배터리가 상용화되어 점차 점유율을 높여간다면 동박을 생산하는 업체들은 어떻게 될까? 그리고 동박업체를 인수한 케미컬 회사는 어떻게 될까?

이미 오래전에 동박 사업에 진출한 업체들이야 사업을 그대로 영위하면 되겠지만, '2조 7,000억 원이라는 고평가된 금액을 지불하고, 2023년이라는 늦은 시기에, 그것도 향후 없어지거나 축소될지도 모르는 시장에 진출하는 것이 올바른 선택이었을까?' 하는 의문이 남는다. 반대로 일진그룹은 왜 일진머티리얼즈를 매각했을까? 나는 일진그룹이 이런 것들까지 다 고려해서 결정했을 거라고 생각한다.

최근에 L그룹은 바이오로직스 사업에도 뛰어들었다. 바이오로직스 사업이 현재 영위하는 L그룹의 사업들과 무슨 시너지가 있을까? 곰곰이 생각해 봤지만 역시 잘 모르겠다. L그룹은 삼성그룹처럼 새로운 분야를 지원할 자금 여력도 충분하지 않다. 공장 용지로 사용하기 위해 인천경제자유구역청IFEZ과 체결하려던 토지매매 계약도 자금이 부족해서 미룬 바 있다. 공사 착공도 당연히 늦어질 전망이다. 그렇다면 자금도 충분하지 않은데 기존 사업을 탄탄히 하는 게 더 효율적이지 않을까?

새로운 분야에 진출하는 것 자체를 잘못이라고 생각하지는 않는다. 하지만 이보다 먼저 해야 하는 작업이 있다. 비핵심자산이나 수익성이 낮은 사업을 처분하는 게 우선순위다. 두산그룹은 로보틱스나 반도체 부문 등 혁신산업 부문으로 사업 영역을 확장하는 동시에 기존 사업 중 비핵심자산을 꾸준히 처분해 왔다. 이런 절차와 과정을 거쳐야만 신규 사업에 충분한 자금을 쏟아부을 수 있다.

L그룹은 현금이 많기로 소문난 그룹이었다. 과거에는 심지어 삼성그룹보다도 현금이 더 많다는 말이 나돌기도 했다. 하지만 무분별한 기업 인수로 인해 최근에는 유동성에 문제가 생겼다는 말까지 나오고 있다.

20

헤지^{hedge}의 중요성

| 언젠가 한 번은 치명타를 입는다 |

내가 SK이노베이션에서 원유 트레이딩 관련 업무를 할 때, 귀에 못이 박히도록 들은 말 중 하나가 "항상 헤지를 하라!"라는 것이었다. 역사를 돌이켜보면 헤지를 하지 않은 기업이 망할 확률은 100%였다는 내용의 글을 읽은 적이 있다. 헤지를 하지 않아도 운 좋게 한두 번은 넘어갈 수 있다. 하지만 포지션^{position}을 그대로 계속 노출할 경우, 언젠가 한 번은 치명적인 손실을 입어 회복불능 상태에 빠지게 된다. 특히 제3국 통화를 베이스^{base}로 거래할 때는 무조건 헤지를 해야 한다는 것은 기본 중의 기본이다. 제3국 통화는 환율의 변동성에 항상 노출되어 있기 때문에 헤지는 선택이 아니라 필수다.

나는 당시 웬만하면 사소한 것까지도 헤지 하는 전략을 택했다. 예를 들어, 매년 비수기 때는 정유 공장의 일부를 점검하기 위해 시설 가동을 일부 중단한다. 이를 '셧다운shut down'이라고 하는데 이 기간에는 당연히 원유의 수입량이 줄어든다. 그런데 혹시라도 셧다운 기간에 원유 가격이 폭락한다면 경쟁사에 비해 1년 평균 원유 구매 단가가 올라갈 것이다. 이런 경우를 대비해 심지어는 이런 것까지도 헤지를 한다. 예를 들어 만약 4월에 셧다운을 한다면, 선물거래를 통해 원유 수입량의 일부를 4월 가격으로 조정하는 식이다.

그동안 나는 회사가 어떤 리스크에 노출될 경우에 기업의 최고경영자라면 당연히 헤지를 하는 것으로 알고 있었다. 하지만 그렇지 않은 최고경영자가 의외로 많다는 사실을 알고 깜짝 놀란 적이 한두 번이 아니다. 주식투자자들은 이런 최고경영자를 주의해야 한다. 왜냐하면 단한 번의 실수가 회사에 돌이킬 수 없는 치명상을 입히기 때문이다.

| 국내 최대 극장체인점 |

우리나라 최대의 극장체인을 보유한 C회사는 2016년 4월 튀르키예의 최대 극장 사업자인 '마르스 엔터테인먼트 그룹MARS Entertainment Group'의 지분 38.12%를 3,019억 원에 사들여 최대 주주가 되었다. 그룹 계열사에서 투자에 참여했고, '메리츠종합증권'이 재무적 투자자로 참여했다. 재무적 투자자는 총수익스와프(이하 TRS) 방식을 통해 인수대금을 마련했다. TRS는 신용파생금융상품의 일종으로, 대출 만기일이 다가왔을 때 주식과 채무를 그대로 교환하되 빌린 돈의 상환금액이 환율에 따라 달라지는 거래 방식이다. 즉, 환율에 따라 갚아야 하는 금액이 변동된다. 평소 같으면 큰 문제가 없었을지 모르지만, 튀르키예에 경제위기가 발생하면서 리라화 가치가 큰 폭으로 떨어졌다. 이는 C회사의 실적에 악영향을 미쳤는데, 2017년에는 이와 관련해 TRS 손실 금액이 513억 원이었고, 2018년에는 무려 1,771억 원으로 늘어났다. 이렇게 큰 손실을 보게 된 원인은 최고경영자가 헤지에 대해 무지했거나 헤지의 중요성을 간과했기 때문이다.

결국 C회사는 튀르키예발 위기를 극복하기 위해 처분 가능한 자산을 모두 처분하는 등 위기를 넘기기 위해 고군분투했지만, 이때 입은 내상이 향후 경영위축으로 이어질 수밖에 없었다. 아마도 그룹 계열사의 도움이 없었다면 C회사는 생존을 장담할 수 없었을 것이다. 이런 이유로, 아무리 기업의 성장성이 좋다고 할지라도 최고경영자에 대한 평가를 우선시해야 한다.

| Knock-In, Knock-Out |

2008년 국내에서 발생한 '키코Kiko' 사태도 약간 당황스러운 사건이었다. 당시 우량한 수출기업들이 환차손 위험을 줄이기 위한 방편으로 키코라는 파생상품에 많이 가입했다. 그런데 리먼브러더스 사태로 인해 환율이 급등하면서 기업들의 피해가 속출했다.

키코의 구조를 살펴보면 환율을 헤지 하는 상품이 아니다. 그 당시 유망 수출기업의 최고경영자들이 환율변동을 헤지 하는 상품이라는 은행 말만 믿고 이 상품에 덜컥 가입했는지, 아니면 환율이 안정적일 것이라고 예측해서 이 상품에 가입했는지는 모르겠지만 둘 다 최고경영자로서 내린 판단에 문제가 있다. 왜냐하면 은행 말만 믿었다면 판단력에 문제가 있는 것이고, 환율이 안정적일 거라고 정말로 확신했다면 오히려 헤지를 할 필요가 없었기 때문이다.

예를 들어보자. 어떤 수출기업이 약정금액 100만 달러에 약정환율 1,000원, 상한선Knock-In Barrier 1,050원, 하한선Knock-Out Barrier 950원, 계약기간 6개월, 상한선을 돌파할 경우 옵션option 2배로 은행과 계약을 맺었다고 가정해 보자.

첫째, 계약기간 중 환율이 하한선인 950원 아래로 한 번이라도 떨어지면Knock-Out 계약은 무효가 된다. 이 경우에는 환율을 헤지 하려던 원래의 의도와 다르게 환차손을 감수해야 한다.

둘째, 계약기간 중 환율이 상한선인 1,050원 이상으로 한 번이라도 올라가면Knock-In 옵션 2배 규정에 따라 약정금액인 100만 달러의 2배인 200만 달러를 은행에 약정환율인 1,000원에 되팔아야 한다. 이러면 달러를 1,050원 이상에서 사서 1,000원에 팔아야 하기 때문에 큰 손실이다.

2008년 리먼브러더스 사태가 터지면서 원화 가치가 크게 하락해 환율이 급격하게 상승했고, 기업들은 계약금액의 2배가 넘는 외화를 마련해 은행에 낮은 환율로 팔아야 했다. 이에 키코에 가입했던 유망

■ 키코Kiko 발생 개념도

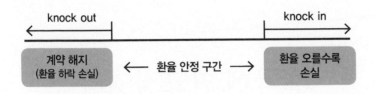

출처: 시사상식사전, pmg지식엔진연구소.

수출기업들의 피해가 속출했고, 당시 723개 기업이 환차손으로 3조 3,000억 원의 피해를 입은 것으로 파악되었다.

　환율은 경제상황을 총망라한 거울과 같은 지표다. 그만큼 예측이 불가능하다. 그런데 환율이 일정 범위 이내에서 움직일 것으로 판단하고 이런 투기적인 상품에 기업의 운명을 맡겼다면 최고경영자의 경영철학에 문제가 있고, 만약 환차손 위험을 줄이는 환헤지 상품이라는 은행 말만 믿고 이런 상품에 가입했다면 최고경영자의 자질을 의심해야 한다. 이런 최고경영자는 주의해서 나쁠 게 없다.

21

결국엔 최고경영자

| 기업 성장의 8할이 최고경영자의 결정에서 비롯된다 |

LG그룹의 금성사는 삼성전자보다 훨씬 일찍 전자업계에 진출했다. 따라서 전자업계의 선두업체가 될 수 있는 기회가 많았다. 하지만 현재 전자업계의 선두주자는 삼성전자다. 지금은 두 회사가 비교도 되지 않을 정도로 격차가 벌어졌다는 표현이 더 정확할 것이다. 이렇게 두 회사의 격차가 벌어진 이유는 최고경영자라는 요소를 배제하고는 설명할 수 없다. 좀 더 정확히 표현하자면, 삼성의 이병철 창업회장과 이건희 선대회장과 같은 인물이 있었느냐 없었느냐가 두 회사의 운명을 결정했다고 볼 수 있다.

앞에서 설명한 월그린스와 에커드를 놓고 비교해 보자. '약국 체인

성장주 패러다임

점 업계에서 최고가 되기 위해 고객이 찾기 편리한 곳에 점포를 내고, 방문 고객당 수익을 꾸준하게 늘리는 것!' 이렇게 분명하고 직선적인 콘셉트를 파악하고 실천한 월그린스의 최고경영자와 이를 제대로 파악하지 못하고 중구난방 헤매다가 엉뚱한 곳으로 더듬이를 뻗친 에커드 최고경영자의 차이가 두 회사의 차이를 만들었다.

두 회사는 한때 매출액도 같았고 업종도 같았지만, 10년 후 한 회사는 경쟁사의 매출을 2배나 앞질렀고, 10년간 누적 순익도 10억 달러나 차이가 났다. 그 결과 한 회사는 역사의 뒤안길로 사라지는 운명을 맞이했는데, 최고경영자를 제외한 다른 요인은 달리 없었다.

스탠퍼드대 교수 짐 콜린스Jim Collins는 좋은 기업을 넘어 '위대한 기업'으로 도약한 기업들의 공통점을 찾는 연구를 5년간 진행했다. 여기서 위대한 기업이란 첫째, 15년간 시장의 3배 이상 성장한 기업이다. 히트 상품이나 카리스마 있는 지도자와 더불어 5년이나 10년 동안 급속하게 성장하는 회사는 많지만 15년간 계속 높은 실적을 보여주는 회사는 거의 없기 때문이다. 둘째, 평범한 실적을 보이다가 어느 순간 일관되게 큰 성과를 보이는 아주 특수한 패턴을 지닌 기업이다. 연구 결과 〈포춘〉 선정 500대 기업 중에서 이 조건을 충족하는 회사는 불과 11개에 불과했으며, 이들 회사들의 공통점은 훌륭한 최고경영자가 있다는 점이었다.

주식투자자는 어떤 회사에 투자하기에 앞서 그 회사의 경영진이 과거에 어떻게 경영활동을 해왔는지 파악하고 이해해야 한다. 요즘은 인터넷이 발달해서 회사의 최고경영자에 대한 자료와 정보를 쉽게 파악할 수 있다. 더불어 그 회사가 쌓아온 역사만 봐도 경영철학을 파악할 수 있다. 앞에서도 언급했지만, 특히 성장주에서는 최고경영자를 비롯한 경영진의 중요성이 더욱 크다는 사실을 명심해야 한다.

정리하면, 성장 기업에서 최고경영자는 특히 중요하다. 성장 기업은 과거의 사업을 적당히 지키면서 루틴하게 운영하는 기업과는 다르다. 뭔가를 끊임없이 추구하며 변화해 나간다. 같은 업종 내에서 성장하건, 다른 업종을 추가해서 성장하건 마찬가지다. 이를 위해서는 올바른 방향과 경영전략이 중요하다. 기업은 한순간의 잘못된 판단으로 회복할 수 없는 피해를 입기도 하고, 한순간의 탁월한 판단으로 1위 자리로 올라서기도 한다. 다음커뮤니케이션과 NAVER의 순위 바꿈은 순전히 최고경영자의 역량 때문이었고, 삼성전자가 LG전자로서는 따라갈 수 없을 만큼 격차를 벌린 원인도 최고경영자의 역량 차이에 있었다.

이와 같이, 성장 기업에서 최고경영자의 역할은 아무리 강조해도 지나치지 않다. 최고경영자가 잘하면 회사는 크게 성장하고, 그러지 못하면 힘들어진다. 성장 기업에서 최고경영자의 중요성이 최소한 50% 이상이라는 점을 염두에 둬야 한다. 그러므로 투자를 결정하기 전, 혹은 투자하는 중에라도 대표이사에 대한 평가를 반드시 수행해야 한다.

GROWTH STOCK PARADIGM

GROWTH STOCK PARADIGM

6장

성장주 발굴 노하우

아래 표는 7~8년 이내에 텐배거에 도달할 것으로 내가 기대하는 종목들이다. 물론 반드시 텐배거가 된다기보다는 그만큼 큰 상승이 가능할 것으로 여긴다고 받아들이면 될 것이다.

텐배거 예상 종목

종목	포트 편입 가격	2023년 최고가격	상승률
루닛	₩13,011	₩134,941	937%
레인보우로보틱스	₩32,350	₩242,000	650%
지노믹트리	₩8,690	₩30,950	260%
파두	₩27,150	₩47,100	73%
비트코인	₩21,872,000	₩61,311,000	180%

특히 루닛은 2023년 9월 장중에 27만 원을 돌파해서 장중 최고가 기준으로 이미 열 달 만에 텐배거가 된 종목이다.[1] 지금은 이 종목들이 주식투자자들에게 널리 알려졌지만, 내가 포트에 편입할 당시만 해도 그리 익숙한 종목들이 아니었다. 잘 알려지지 않은 종목이었는데, 나는 이 종목을 어떻게 찾아냈고 왜 크게 상승할 거라고 예측했을까? 이 종목들을 찾아낸 방법을 통해 성장주를 찾아내는 노하우를 설명하고자 한다.

---

1 위 표의 루닛 가격은 유무상증자 권리락이 반영된 것이다.

22

성장주 발굴법①
읽으면 바뀐다

| 책으로 이루는 투자의 퀀텀 점프 |

내가 평소에 가장 강조하는 것은 독서다. 그야말로 책 속에 길이 있기 때문이다. '책을 1,000권 이상 읽으면 인생이 바뀐다'는 말이 있는데, 나는 이 말에 완전히 공감한다. 나 스스로가 1,000권 이상 책을 읽는 동안 생각하는 방법이 바뀌는 걸 직접 체험했기에 하는 말이다.

책을 몇십 권 읽은 사람은 많다. 그런데 이들 중에는 '책을 읽어도 딱히 변할 것 같지 않다'고 말하는 사람들이 많다. 그럴 때마다 나는 닐스 보어Niels Bohr의 '양자 원자론'에 대해 이야기한다. 보어는 '분자와 원자의 구성'이라는 논문으로 양자의 원리를 밝혔는데, 이 논문은 그에게 1922년도 노벨 물리학상을 안겨주었다.

양자 세계에서 양자가 어떤 단계에서 다음 단계로 갈 때는 계단의 차이만큼 뛰어오르는데 이 현상을 '퀀텀 점프'라고 한다. 어떤 현상이 연속적으로 조금씩 바뀌는 것이 아니라, 계단을 뛰어올라가듯이 다음 단계로 갑자기 바뀌는 현상을 말한다.

독서도 마찬가지다. 책을 100권, 200권 읽으면 크게 변하는 게 없다. 그래도 계속 읽다 보면 어느 순간 자신의 사고방식이 바뀌고, 생각하는 능력이나 지식이 크게 향상되었음을 느끼게 된다. 보어가 말한 n=1의 궤도가 아니라 n=2, n=3의 궤도로 자신이 퀀텀 점프했다는 걸 스스로 깨닫게 된다.

앞에서 《부를 부르는 50억 독서법》이라는 책을 소개했다. 이 책에서 저자도 비슷한 말을 한다. 책을 읽다 보면 이해력이 증진되고 속도가 붙는다면서 그 예로 든 책이 톨스토이의 《부활》이다. 20대 초반에 이 책을 읽었을 때는 재미도 없었고 이해도 되지 않았지만, 똑같은 책을 군대에서 읽었을 때는 너무 재미있어서 손에서 놓을 수가 없었다고 한다. 20대 후반에 같은 책을 읽고서 20대 초반에 비해 완전히 다른 느낌을 받은 이유는 그 사이에 독서를 통해 이해력이 증진되었기 때문이다. 그리고 20대 초반에는 1시간에 약 10쪽 정도를 읽었는데, 20대 후반에는 1시간에 60쪽을 읽었다고 한다. 약 10년 사이에 읽는 속도가 6배가 되었고 이해력도 증진되었음을 알 수 있다. 저자는 20대 초반에는 일주일에 1권 읽기도 벅찼는데, 10년 후에는 일주일에 3~4권을 읽게 되었고, 20년 후에는 7권, 30년 후에는 10권을 읽는 식으로 퀀텀 점프를 계속해 나갔다. 지금은 1년에 약 500권을 읽는다고 한다.

성장주 패러다임

사람들은 정보를 습득하기 위해 책을 읽는 것으로 착각한다고 저자는 말한다. 모든 정보가 인터넷에 다 있으니 굳이 책을 읽을 필요가 없다고 생각하는 사람들이 많다고 한다. 하지만 책은 정보를 얻기 위해서가 아니라 자기의 사고방식에 영향을 끼쳐, 행동을 발전된 방향으로 변화시키기 위한 매체다. 저자는 책은 그냥 책일 뿐이고 취미 삼아 읽었기에 책이 실제 생활에 영향을 끼치고 삶을 바꿀 수 있다고는 생각하지 않았는데, 그게 아니라는 것을 알게 되었다고 한다. 책에는 읽는 사람의 사고방식과 삶을 바꾸는 힘이 있다면서 예로 든 것이 '비트코인'이다.

　저자는 2013년 서점을 둘러보다가 눈길을 끄는 신간 《넥스트 머니 비트코인》을 발견해서 읽고는 비트코인을 사야겠다고 마음먹었다. 비트코인이 앞으로 오를 것이라는 확신이 들었기 때문이다. 하지만 그 당시 우리나라에서는 비트코인을 살 수가 없었다. 그래서 2014년까지 기다렸다가 개당 50만 원에 1,000만 원어치를 샀다. 즉, 비트코인 20개를 샀다.

　저자가 비트코인을 산 결정적인 이유는 공급이 2,100만 개로 한정된다는 사실 때문이었다. 이런 정보는 인터넷에서도 얼마든지 얻을 수 있다. 하지만 인터넷에서 이런 정보를 얻었다면 저자는 아마도 비트코인을 사지 않았을 것이라고 한다. 단순히 이런 정보만으로 큰돈을 투자하기는 어렵기 때문이다. 하지만 책에서는 왜 공급이 한정되어 있는지, 공급량을 왜 늘릴 수 없는지, 언제 어떻게 공급되는지 등 이 문제를 훨씬 심도 있게 다뤘다. 인터넷 기사로 읽을 때는 2,100만 개만 생산된다는 것에 공감할 수 없었지만, 책으로 읽으니 공감할 수 있었다. 공급이

고정되어 있으면 약간의 수요만 따라줘도 그 상품의 가격은 크게 오른다. 그래서 비트코인을 사 두면 오를 것이라는 확신이 들었다고 한다.

《넥스트 머니 비트코인》을 읽었다고 해서 모두 비트코인을 사는 것은 아니다. 구매로 연결되려면 기반 지식이 있어야 한다. 비트코인의 공급량이 2,100만 개로 고정되어 있다는 것의 의미를 제대로 이해해야 구매로 연결된다. 경제에 관한 지식과 상품 가격 그리고 역사에 대한 지식이 받쳐줘야 그 중요성을 알 수 있다.

저자는 이러한 지식도 책으로 접했다고 한다. 그는 경제, 경영 관련 책들을 읽으면서 공급과 수요에 따라 가격이 어떤 식으로 변하는지에 대한 지식을 얻었다. 즉, 수십 권의 책을 읽는 동안 쌓은 지식이 유기적으로 결합되었고, 이것이 비트코인의 구매로 직접 연결된 것이다.

주제에서 약간 벗어난 이야기이긴 하지만, 노후준비의 1순위는 자녀에게 어릴 때부터 책을 많이 읽히는 것이다. 어려서부터 책을 많이 읽으면 독서의 속도가 달라진다. 그러면 남들이 2시간 읽을 동안 1시간 만에 읽고 나머지 1시간은 놀아도 된다. 당연히 이해력도 증진된다. 남들은 여덟 살에 읽을 책 내용을 독서를 많이 한 아이는 여섯 살이면 이해하며, 이 격차는 점점 더 벌어져서 나중에는 도저히 쫓아올 수 없을 정도로 크게 벌어진다. 그러면 학교 성적도 저절로 올라가고 학원비도 많이 절감된다. 또 좋은 학교로 진학해서 돈도 충분히 벌고 안정된 생활을 할 가능성이 커지므로, 나중에 자녀에게 들어가는 돈도 줄일 수 있다. 자녀에게 들어갈 돈을 줄이는 것이 진정한 노후준비다.

요즘 젊은 부부들은 자녀교육에 진심이다. 그런 만큼 사교육비를 많이 쓰지만 투자에 비해 성과는 미미하다. 많은 사교육보다, 어렸을 때 읽은 한 권의 책이 훗날 훨씬 더 큰 효과를 가져온다는 사실을 말하고 싶다. 이는 내 경험에서 우러나온 말이다.

본론으로 돌아와서, 이제 성장주 '루닛'을 발굴한 내용을 함께 알아 보자.

23

성장주 발굴법①
'루닛'

| 국내외 책을 통해 파악한 루닛의 잠재력 |

내가 '루닛'을 처음 알게 된 시기는 2020년 가을이었다. 김충현 미래에셋증권 애널리스트가 쓴 《의료기기 산업의 미래에 투자하라》라는 책을 통해 접했는데, 그렇다고 이 책에서만 루닛을 접한 것은 아니다.

여러 책을 읽다 보면 루닛에 대해 언급한 내용이 여기저기에 나오는데, 예를 들면 마틴 포드Martin Ford가 쓴 《로봇의 지배》도 그중 하나다. 코로나19 감염증 검사 도구가 부족한 가운데, 바이러스에 의한 폐렴을 확인할 수 있는 흉부 X-레이가 중요한 대체 진단 기법이 되었다. 일부 병원에서는 영상의학 전문의가 힘겹게 영상을 분석하느라 6시간 이상 지체되는 경우도 있었다. 이 책에서는 이에 대응하기 위해 AI 진단 도구를 제조하는 '큐어닷에이아이Quire.ai'와 루닛이 코로나 바이러스에 초점을 맞춰 시스템을 재빨리 재정비했다고 언급했다. 외국 저자가 쓴 로봇 관련 서적에 한국의 이름 없는 중소기업이 등장한다니, 굉장히 흥미로운 대목이다.

어쨌든 《의료기기 산업의 미래에 투자하라》를 읽다 보면 다음과 같은 구절이 나온다.

> 이 외에도 디지털 병리는 또 다른 잠재력을 가지고 있다. 바로 정밀한 항암치료를 가능하게 하는 바이오마커의 기능이다. 즉, 표적항암제나 면역 항암제 등의 항암제를 투여하기 전에 환자가 해당 항암제의 효과를 극대화할 생체지표를 가졌는지를 확인하는 검사를 할 수 있다는 의미다. 이렇게 의료영상을 활용한 바이오마커를 영상 바이오마커라고 부른다.
>
> ....
>
> 이 학회(미국 임상종양학회)가 주목받는 이유는 종양학과 관련된 가장 최신 연구 동향을 살펴볼 수 있고, 무엇보다 그 과정에서 다양한 기술 계약들이 이루어지기 때문이다. 그런데 몇 년 전부터 낯선 기업이 미국 임상종양학회를 찾아 임상 결과를 발표하고 있다. 그 업체는 인공지능 솔루션 기업인 루닛이라는 국내 기업이다.
>
> 루닛은 암 조직 슬라이드를 인공지능 솔루션으로 분석한 결과를 면역항암제의 반응률을 높일 수 있는 바이오마커로 사용할 수 있는지를 연구하고 있다.

바이오마커에 대해서는 잘 알고 있었지만, 영상 바이오마커라는 개념은 내게도 생소했다. '도대체 얼마나 대단한 기술이기에 3만~4만 명이나 모이는 세계 최대 암학회에 우리나라의 이름 없는 벤처기업이 매년 참석해서 임상 결과를 발표할 수 있을까?' 이런 의문을 품고 루닛이라는 기업을 찾아보았다. 그 당시 루닛은 비상장 기업이었는데 조만간 기업공개IPO를 할 예정이라는 것을 알게 되었다. 그래서 나는 루닛과 영상 바이오마커에 대해 알아보기 시작했다. 위 책에는 다음과 같은 내용도 나온다.

> 현재 상업적으로 활용되고 있거나 규제기관에서 허가를 받은 대부분의 인공지능 솔루션은 의사를 보조해 암을 진단하는 솔루션이다. 루닛의 사례처럼 의료 인공지능 솔루션을 영상 바이오마커처럼 암 치료반응을 예측하는 마커로는 특정 유전자 돌연변이나 PD-L1과 같은 면역세포의 단백질이 사용된다. 우리 몸 안에 있는 생체지표를 이용하기 때문에 바이오마커라고 불린다.

루닛의 사업내용을 파악하기에 앞서 내가 루닛에서 잠재력을 발견한 첫 번째 근거는 인력의 구성이었다. AI 관련 카이스트 출신 박사 6명이 일단 팀을 구성한 후 그다음에 어떤 사업을 할 것인가를 구상했다고 한다. 이 점은 인력 운영에서 굉장히 중요한 점을 시사한다.

《좋은 기업을 넘어 위대한 기업으로》의 저자 짐 콜린스의 '버스론'을 살펴보자. 15년간 시장의 최소 3배에 달하는 누적 수익률을 보인 기업의 최고경영자들이 가진 공통점은 '버스를 어디로 몰고 갈지 먼저 생각한 다음에 버스에 사람을 태우는 것'이 아니라, '버스에 적합한 사람을 먼저 태우고(부적합한 사람들은 버스에서 내리게 하고), 그다음에 버스를 어디로 몰고 갈지 생각했다'는 것이다. 평범한 기업을 위대한 기업으로 도약시킨 리더들은 새로운 비전과 전략부터 짤 거라고 생각하기 쉽다. 하지만 예상 밖으로 그들은 그렇게 하지 않았다. 그들이 이야기하는 핵심은 다음과 같다.

> "우리는 이 버스를 어디로 몰고 가야 할지 정말 모릅니다. 하지만 이건 웬만큼 압니다. 우리가 적합한 사람들을 버스에 태운다면, 적합한 사람들을 적합한 자리에 앉히고 부적합한 사람들을 버스에서 내리게 한다면, 이 버스를 어딘가 멋진 곳으로 몰고 갈 방법을 알게 되리라는 겁니다."

이 말을 회사에 적용하면 다음과 같이 해석할 수 있다.

> "나는 이 회사를 어디로 끌고 가야 할지 모릅니다. 그러나 내가 적합한 사람들과 함께 출발하여 그들에게 적합한 질문을 던지고, 그들로 하여금 활발하게 토론을 벌이게 한다면, 우리가 이 회사를 위대한 회사로 만들어갈 길을 발견하리라는 것은 알고 있습니다."

루닛의 경우, 일단 AI 딥러닝 관련 역량이 출중한 창업자들이 먼저 모였다. 그런 다음 무엇을 할 것인지를 결정했다. 즉, 버스에 사람을 먼저 태운 후 어디로 갈 것인지를 결정했다. 그래서 창업 후 지금까지 탈락자가 한 명도 없이 회사를 운영해 오고 있다. 이는 굉장히 드문 인화적 요소일 뿐 아니라 성공 가능성을 높이는 요소 중 하나다. 이것이 내가 루닛에 호감을 가진 첫 번째 이유였다.

| 사업내용: 루닛 인사이트와 루닛 스코프 |

그다음에는 루닛의 사업내용을 공부했다. 루닛의 제품은 두 가지다. 하나는 '암 검진과 진단'을 하는 '루닛 인사이트'이고, 나머지 하나는 '암 치료'를 하는 '루닛 스코프'다.

이 중에서 '루닛 인사이트'는 비교적 쉽게 이해할 수 있었다. 현재는 X-레이를 이용해서 폐암과 유방암 등을 진단하는데, 암이 초기일 때는 크기가 작고 다른 인체조직에 가려서 잘 보이지 않는다. 그래서 암이 있는데도 불구하고 초기 암의 경우에는 없다고 오진하기 쉽다. 이는 아주 드물게 나타나는 게 아니라 암 관련 전문의 사이에서도 굉장히 빈번하게 나타나는 현상이다. 그래서 암을 초기에 발견하지 못하는 경우가 많은데, 이로부터 1~2년 후에 암을 발견했을 때는 이미 치료가 불가능할 만큼 치명적인 상태로 발전한 뒤인 경우가 많다. 루닛 인사이트는 AI를 이용해 이런 초기 암을 찾는 역할을 한다. 예를 들면, 흉부 X-레이 영상에서 가장 흔하게 발견되는 10가지 비정상 소견을 97~99% 정확도로 검출한다. 유방암의 경우에도 유방 촬영 영상을 분석해서 유방암 의

심 부위를 96%의 정확도로 검출한다.

　루닛 인사이트의 사업모델은 현재 의사들이 사용하는 X-레이 장비에 루닛 인사이트를 기본으로 탑재하는 것이다. 국내에서는 현재 약 10%의 X-레이 장비에 탑재되어 있다.

| 글로벌 기업으로 도약 가능성 높인 루닛 인사이트 |

　의료 AI 관련 공부를 하다 보면, 협소한 국내 시장만으로는 의미 있는 규모로 매출을 달성할 수 없다는 것을 알게 된다. 그래서 수출 가능성이나 수출 현황을 조사해 봐야 한다. 나는 만약 수출 가능성이 희박하다면 이 종목에는 투자하지 않는 것이 옳다고 생각했다. 국내 수요는 한정적이라서 의미 있는 매출을 올리려면 글로벌 장비에 루닛 인사이트를 탑재해야 했다.

　루닛은 'GE 헬스케어GE Healthcare', '필립스Philips', '후지쯔Fujitsu', '후지필름'과 같은 글로벌 의료장비 기업들과 이미 협업하고 있었다. 이들 글로벌 기업들이 의료 장비를 팔면 그 안에 루닛 인사이트가 기본으로 설치되어 자동으로 매출이 발생하는 구조인데, 이런 비즈니스 모델은 굉장히 강력하다. 왜냐하면 글로벌 의료기기 기업들은 하나의 의료 AI 기업 제품만 선택해서 협업하기 때문이다. 예를 들어, 노트북에 윈도우가 기본으로 설치되어 있으면 다른 OS를 복수로 설치하지 않는 것과 같다. 마찬가지로 루닛 인사이트가 글로벌 의료기기 회사의 제품에 일단 기본으로 설치되기 시작하면 경쟁사의 제품이 진입하기 어려워진다. 그만큼 해자가 생기는 것이다.

특히 루닛이 협력하는 GE 헬스케어나 필립스, 후지쯔, 후지필름과 같은 글로벌 회사들이 전 세계 의료시장을 과점하고 있는 업체들이라는 점이 중요하다. 이들 글로벌 업체들이 의료장비를 팔 때마다 루닛 인사이트는 자동으로 판매된다.

루닛 인사이트는 후지필름에 2021년부터 탑재되어 이미 매출이 발생하고 있었고, 2022년 말을 기준으로 조만간 GE 헬스케어 제품에도 탑재되어 매출이 본격화될 전망이었다. 특히 액체생검 분야 글로벌 1위 기업인 '가던트 헬스Guardant Health'로부터 2,600만 달러를 투자받고, 그들의 채널에 루닛 인사이트를 탑재하는 사업을 진행하고 있었다.

| 암세포 발견에 AI를 접목한 혁신, 루닛 스코프 |

루닛 인사이트는 비교적 쉽게 이해할 수 있었는데, 루닛 스코프는 이해하기가 쉽지 않았다. 김충헌 애널리스트의 책에서 말했듯이, 특정 유전자 돌연변이나 PD-L1과 같은 면역세포의 단백질을 바이오마커로 사용한다는 것이 잘 이해되지 않았다. 그래서 더듬더듬 이에 대한 공부를 시작했다.

루닛 스코프를 이해하려면 우선 면역체계를 이해해야 한다. 면역계에는 선천성 면역계와 후천성 면역계가 있다. 상처가 나면 고름이 생기면서 치유되는 것이 선천성 면역계의 한 예다. 대개는 선천성 면역계만으로도 충분하지만, 이것만으로는 충분하지 않을 때 후천성 면역계가 나서게 된다. 후천성 면역계에는 B세포와 T세포가 있다.

B세포는 힘이 세지만 항상 모든 침입자를 물리칠 수 있는 것은 아니다. 때때로 압도적인 힘을 지닌 병균들이 침입해 B세포를 무력화하고 우리 몸속의 세포들을 감염시키는 일이 벌어진다. 이런 식으로 바이러스가 일단 우리 몸속 세포에 숨어버리면 B세포가 항체를 만들어 방어하기에는 너무 늦다. 감염된 세포는 숙주가 되어 더 많은 바이러스를 생산하는 공장 역할을 하기 때문에 제거해야 한다.

이때 나서는 것이 T세포다. 병든 세포를 죽이는 것은 T세포의 전문 분야다. 그런데 T세포와 관련해서 한 가지 특이한 점이 있다. 암세포는 돌연변이가 생긴 세포라서 정상 세포가 아니다. 그러면 T세포가 암세포를 공격해야 하는데, 이상하게도 T세포는 암세포를 인식하지 못해서 공격하지 않는다. 왜 그럴까?

그 이유는 PD-1과 PD-L1의 관계에서 찾을 수 있다. T세포에 있는 PD-1은 특정 암세포에서 아주 활발하게 반응하는 분자다. 그런데 암세포 표면에 돌출된 리간드ligand[2], 즉 PD-L1과 결합하면 PD-1은 기능을 멈춘다. 그래서 T세포의 살상 기능이 중지된다.

다시 말하면, PD-1과 PD-L1의 상호작용은 T세포에 일종의 공격중지 신호로 작용한다. 이런 기능은 우리 몸에 필요하다. 예를 들어 T세

---

2 수용체와 같은 큰 분자에 특이하게 결합하는 물질을 나타내는 용어. 생체 내의 중요한 요소이자 의약품의 개발 및 사용에도 큰 역할을 한다.

포가 '이질적인' 세포로 여겨 공격하려고 했는데, 알고 보니까 발달 중인 태아였다든가 하는 경우에 이런 안전장치는 아주 유용하다.

그런데 PD-L1의 이런 원리가 암세포에도 적용되어 T세포의 면역반응이 중단된다.

현미경으로 보면 T세포는 암세포와의 전투개시를 알리는 신호와 함께 전투태세에 돌입한다. 암세포를 인지한 T세포는 분열을 거듭한 끝에 수십억 개에 이르는 강력한 군단을 만들어 암세포에 접근한다. 곧 T세포가 암세포를 공격하려는 순간, 웬일인지 그다음부터 더 이상 진행이 되지 않는다. T세포들은 그냥 그 자리에 멈춰 있을 뿐이다. 암세포를 코앞에 두고도 공격하지 않는다. 그 이유는 PD-L1이 T세포의 공격을 중지시켰기 때문이다. 아마도 PD-L1은 T세포로 하여금 암세포를 우리 몸의 일부로 생각하게 해서 공격을 중지시키는 것으로 보인다. 이런 원리로 T세포는 암세포 앞에서 무력해진다.

이 문제를 어떻게 해결해야 할까? PD-L1의 기능을 정지해 버리면 된다. 만약 PD-L1이 작용하지 못하게 하는 약을 환자에게 투여하면 어떻게 될까? PD-L1이 작용하지 않으면 T세포는 원래대로 암세포를 공격해 살상할 것이다. 이것이 면역관문 억제제의 원리다. 면역관문인 PD-L1을 무력화하는 약을 면역관문 억제제라고 한다. 면역관문 억제제는 다른 말로 면역항암제라고도 한다.

면역항암제는 반응기간이 길고 확장성이 있다. 반응기간이란 암을 완치한 후 재발하거나 사망할 때까지 걸리는 시간을 말하고, 확장성은 한 가지 특정 암이 아니라 다른 암에도 적용할 수 있는 성질을 말한다.

하지만 면역항암제는 낮은 반응률이라는 문제점이자 한계를 지닌다. 따라서 반응률이 높은 환자를 선별해 내는 바이오마커가 무엇보다도 중요하다. 그간 면역항암제는 주로 다른 치료에 다 실패해서 더 이상 치료방법이 없는 환자 위주로 사용되어 왔다. 낮은 반응률 때문이다.

표적항암제 등 다른 치료제로 1차 치료를 하기 전에 처음부터 면역 항암제를 사용하려면 반응률을 높여야 한다. 그 이유는 1차로 면역항 암제를 사용했는데 환자가 이 약에 반응하지 않아서 그제야 다른 치료 방법을 사용한다면, 그동안 암이 더 발전해 치료가 가능한 시기를 놓칠 수 있기 때문이다. 그래서 면역항암제의 사용을 확대하기 위해서는 대상 환자를 정확히 선별해 내는 바이오마커가 필수적이다. 차세대에는 면역항암제가 항암치료제의 대세가 될 것이다. 그런데 면역항암제는 정확한 바이오마커가 없이는 사용하기가 어렵다.

이런 내용을 학습하며 나는 루닛 스코프가 무엇인지 온전히 이해할 수 있었다. 결국 암 치료제의 미래는 AI 바이오마커에 달려 있다고 해도 과언이 아닌데, 그 선두를 달리는 것이 바로 루닛 스코프다.

이제 다시 김충현 애널리스트의《의료기기 산업의 미래에 투자하 라》중 한 구절을 보자.

> 루닛의 사례처럼 의료 인공지능 솔루션을 영상 바이오마커처럼 암 치료 반응을 예측하는 마커로는 특정 유전자 돌연변이나 PD-L1과 같은 면역 세포의 단백질이 사용된다.

루닛 스코프를 사용하면 대상 환자의 PD-L1 검출률이 향상된다. 그러면 면역항암제에 반응하는 환자의 폭이 자연스럽게 넓어진다. 이제 막 시작한 단계인 의료 AI는 미래의 성장산업이다. 암 치료제의 미래는 의료 AI에 달려 있다. 이제 루닛에 대해 이해했다. 그렇다면 이 종목을 텐배거 후보로 꼽지 않을 이유가 있을까?

정리해 보자. 책이나 잡지를 많이 읽다 보면 성장성이 뛰어난 기업의 정보를 접할 기회가 생긴다. 본인이 생각하기에 매력적이라는 판단이 들면, 비상장사건 상장사건 관계없이 해당 기업에 대해 가능한 한 상세히 알아보고 공부해야 한다. 비상장사라면 언제 상장하는지 그 일정 등을 확인하면서 계속 팔로우 업 해야 한다. 이런 식으로 알짜 성장 기업을 발견하는 경우가 종종 있다는 점을 잘 알아두자.

24

성장주 발굴법②
과거에서 배워라

| 과거의 복기는 매우 중요하다 |

주식시장에서 과거에 어떤 일이 있었는지를 알면 투자에 많은 도움이 된다. 주식시장에는 수많은 격언이 있다. 이런 격언들은 과거의 경험을 바탕으로 만들어지는데 대부분 합리적이다. 예를 들어 "소문에 사서 뉴스에 팔아라" 같은 격언도 과거의 경험을 바탕으로 만들어졌을 텐데, 최근에는 이 격언이 과거보다 훨씬 더 잘 들어맞는 것 같다. 이 격언을 통해 우리는 어떤 뉴스를 듣고 주식을 사는 것이 아니라 팔아야 한다는 사실을 알 수 있다.

어떤 종류의 뉴스가 나왔을 때 주가가 어떻게 반응했는지, 또는 어떤 상황에서 주가가 어떻게 반응했는지를 기억한다면, 이를 바탕으로 미래의 주가를 좀 더 정확하게 예측할 수 있다.

25

성장주 발굴법②
'지노믹트리'

| 세계 최초보다 두 번째가 좋은 이유 |

'지노믹트리'는 세계에서 두 번째로 대장암 진단기기 제품 개발에 성공한 국내 의학 연구개발 기업이다. 이 회사에서 개발한 제품이 첫 번째로 개발한 제품보다 가격은 저렴하지만 성능은 더 좋다는 것이 이 사례의 핵심이다.

나는 이 회사가 세계에서 두 번째로 제품을 개발했다는 점이 사업 측면에서 굉장히 메리트가 있다고 생각한다. 세계에서 첫 번째로 어떤 제품을 개발하면 그 제품 개발에 필요한 인프라 비용, 어떤 제품인지 알리기 위한 홍보비용, 정부의 허가를 받기 위한 비용 등이 워낙 막대하게 소요된다. 그래서 우리나라 중소기업의 경우 아무리 좋은 제품을 새로 개발해도 상업화에 성공하기는 힘들다. 실제로 비즈니스 역사를 통틀어, 혁신제품을 최초로 개발한 개척자가 최종 승리를 거두는 경우는 드물다. 예를 들어, 현재 개인용 컴퓨터 스프레드시트로는 '엑셀'이 주로 사용된다. 과거 세대라면 아마도 '로터스123' 정도는 기억할 것이다. 하지만 '비지칼크Visicalc'가 최초로 스프레드시트를 개발했다는 사실은 아무도 모른다. 이 회사가 더 이상 존재하지 않기 때문이다. 최초로 휴대용 컴퓨터를 만든 회사도 지금은 사라진 '오스본 컴퓨터Osborne Computer' 같은 회사들이었다.

1990년대 말 인터넷 바람이 불었을 때, 공짜로 전화통화를 하는 시스템을 세계 최초로 개발했다고 해서 '새롬기술'이라는 기업의 주가가 150배나 올랐다. 이 시스템은 지금도 세계 전역에서 사용되고 있지만 새롬기술은 상업화에 성공하지 못한 채 상장 폐지되었다.

어떤 제품을 세계에서 첫 번째로 개발하지 않은 회사가 첫 번째로 제품을 개발한 개척자를 누르고 성공하는 패턴은 기술 및 경제 변화의 역사 전반에 걸쳐 광범위하게 나타난다. 세계에서 두 번째로 그 제품을 만들면, 첫 번째로 제품을 개발한 회사가 상업화의 걸림돌들을 이미 다 제거했기 때문에 훨씬 수월하게 시장에 진입할 수 있다. 예를 들어 세계에서 최초로 자동차를 만든 회사는 정부로부터 자동차 운행 허가를 받기 위해 많은 노력을 쏟아야 하고, 소비자들에게 자동차가 안전하다는 사실을 인식시키기 위해 노력해야 하며, 자동차용 도로를 깔 수 있도록 정부를 설득해야 한다. 하지만 두 번째로 자동차를 만든 회사는 이런 노력을 할 필요 없이 오직 제품만 잘 만들면 된다. 세계에서 첫 번째로 제품을 만든 회사가 이미 이런 장애물을 전부 제거한 덕분이다. 게다가 두 번째로 제품을 만든 회사가 첫 번째로 제품을 개발한 회사보다 성능이 더 뛰어난 제품을 개발했다면, 그 잠재력은 굉장히 크다고 할 수 있다. 이 사실을 가장 잘 보여주는 사례가 바로 국내 바이오제약 기업 '메디톡스'다. 그래서 '지노믹트리'를 보면 항상 메디톡스가 떠오른다.

세계 최초로 보톡스 상업화에 성공해 열심히 시장을 개척한 것은 미국의 '앨러간Allergan'이었다. 그 이후 국내 기업인 메디톡스가 세계에서 두 번째로 보톡스를 만들었는데, 메디톡스의 제품이 앨러간 제품보다 성능도 더 뛰어났고 가격도 저렴했다. 과연 메디톡스는 어떤 주가 흐름을 보여줄까?

다음 차트를 보면 2011년에 최저 13,137원이었던 메디톡스의 주가

■ **메디톡스의 주가 변화**

출처: NAVER 증권.

성장주 패러다임

는 2018년에 무려 54배나 오른 최고 710,482원까지 상승했다. 매출과 이익이 늘어나면서 투자자들이 높은 PER을 인정해 준 데다, 성장주라서 주가가 기하급수적으로 높아지는 성장주의 주가상승 공식에 따라 이렇게 크게 상승한 것이다.

| 지노믹트리 사업 환경과 내용 |

지노믹트리는 미국의 '이그젝트 사이언시스Exact Sciences'에 이어 세계에서 두 번째로 대장암 진단기기를 만들었는데, 이그젝트 사이언시스의 제품보다 성능은 뛰어나고 가격은 저렴하다.

다음 표에서 보다시피, 지노믹트리의 '얼리텍C'는 이그젝트 사이언시스의 '콜로가드'에 비해 측정시간이 짧고, 소량의 분변만으로도 검사가 가능하다. 얼리텍C는 신테칸2라는 바이오마커 1개만 사용하지만,

■ **얼리텍C와 콜로가드의 성능 비교**

구분	얼리텍C	콜로가드
측정 시간	8시간	26시간
필요한 분변 양	1g	분변 전체
가격	350달러	650달러
민감도	90%	92%
특이도	90%	87%
원천 기술	있다	없다

출처: 천백만, 《주식 투자로 1,000만 원에서 100억 원 만들기 플랜》, 한국경제신문i.

콜로가드는 바이오마커를 8개나 사용하기 때문에 분변이 많이 필요하다. 사실 이것 때문에 콜로가드는 미국 이외의 시장에 진출할 수 없다. 대변 전체를 미국으로 공수하기가 굉장히 불편하기 때문이다.

반면에 얼리텍C는 분변을 1g만 공수하면 되니까 유럽이나 기타 다른 국가에 진출하기 용이하다. 또한 콜로가드는 기술을 라이선스인 license-in 한 데 비해, 얼리텍C는 원천기술을 보유했기 때문에 검사 비용도 저렴하다.

방광암 진단기기인 '얼리텍B'는 지노믹트리의 또 다른 성장동력이다. 얼리텍B는 미국 식품의약국(이하 FDA)로부터 혁신의료기기로 지정받아 LDT를 통해 미국에서 서비스를 시작했다. LDT는 'Lab Development Test'의 약자인데, CLIA Clinical Laboratory Improvement Amendment 라는 인증을 가진 기관에서 승인해 주면 FDA의 승인 없이 제품을 판매할 수 있는 제도다. LDT를 통해 서비스를 제공하는 경우에는 반드시 CLIA 인증을 받은 해당 기관에서만 분석 서비스를 할 수 있다. 따라서 얼리텍B는 2024년에 FDA 임상을 종료하고 2025년에 FDA 정식 승인을 받은 뒤에야 본격적인 매출이 발생할 것으로 보인다. 그 이전에는 한정된 매출만 발생할 것으로 예상된다.

다음 표에서 보다시피 미국에서 사용 중인 경쟁 제품은 '애보트 Abott'의 제품과 '퍼시픽 에지 Pacific Edge'의 제품이다. 이 중에서 애보트의 제품은 정확도가 너무 떨어져서 시장에서 이미 퇴출된 상태라 최근까지는 퍼시픽 에지의 제품이 유일했다. 하지만 의료현장에서 이 제품의 정확도가 떨어진다는 불평이 계속해서 터져나왔고, 이에 미국 보험청은 퍼

구분	지노믹트리 '얼리텍B'	애보트 제품		퍼시픽 에지 제품
검체	소변	Urine	소변	소변
민감도	93.2%	68%	76%	82%
특이도	90.4%	79%	85%	85%
인허가 현황	확증임상 진행 중	FDA 승인	FDA 승인	LDT

출처: 지노믹트리 IR자료.

시픽 에시의 보험코드를 삭제해 버렸다. 퍼시픽 에지 제품을 사용하면 보험이 적용되지 않기 때문에 이 제품은 더 이상 사용되지 않을 가능성이 크다.

얼리텍B를 제외하면 방광암 진단방법 중 남은 것은 '요로내시경'인데, 이 방법은 환자에게 극심한 고통을 유발한다. 바늘 모양 내시경을 요도에 삽입해서 검사하는데 굉장히 고통스러워서 환자들이 검사를 회피한다고 한다. 더구나 요로내시경은 3개월마다 한 번씩 해야 하기 때문에 더욱 고통스럽다. 이런 이유로 얼리텍B가 향후 방광암 진단시장을 독점할 가능성이 크다고 할 수 있다. 현재 방광암 진단기기를 임상 중이거나 개발 중인 회사도 없다고 하니 지노믹트리의 독점 상태는 한참 동안 지속될 확률이 높다.

나는 세계에서 두 번째로 제품을 개발했지만, 세계에서 첫 번째로 출시된 제품보다 가격은 싸고 성능은 뛰어난 지노믹트리가 향후 메디톡스의 주가 흐름을 따라갈 가능성이 크다고 생각했다. 메디톡스는 저점 대비 주가가 무려 50배나 상승했다. 그러니 지노믹트리도 제품만 제대로 출시된다면 텐배거가 될 가능성은 아주 크다고 유추할 수 있다.

| 메디톡스의 과거에서 읽는 성장주의 미래 |

과거에 메디톡스에 어떤 일이 있었는지를 알고 이해하는 사람들은 지노믹트리의 주가를 더 직관적으로 예측할 수 있다. 비록 종목은 달라도 과거에 어떤 일이 있었는지 히스토리를 이해하는 것이 중요한 이유다.

지노믹트리의 과거를 좀 더 살펴보자. 경쟁사인 이그젝트 사이언시스는 매출액이 2014년에는 180만 달러에 불과했지만, 5년 만인 2019년에는 8억 7,630만 달러를 기록하며 세계 10대 체외진단 업체로 성장했다. 그 결과 이그젝트 사이언시스의 주가는 4년 만에 10배나 올라 텐배거가 되었다. 이 회사가 이렇게 빨리 성장할 수 있었던 이유는 공보험인 메디케어, 병원, 보험회사 등 이해관계자들의 요구를 모두 충족시켰기 때문이다.

보험사가 가장 좋아할 만한 아이템은 조기진단이다. 지금 당장 진단과 관련된 비용은 증가하더라도, 질병을 빠르게 진단함으로써 총 의료비용을 낮출 수 있기 때문이다. 특히 대장암은 미국에서 사망자가 두 번째로 많은 암 질환으로, 조기진단 시 치료비용이 대폭 줄어들고 생존율은 급격히 상승한다. 기존에 사용하던 분변잠혈 검사는 민감도가 40%에 불과해 의료현장에서 제대로 사용되지 않았다. 반면에 이그젝트 사이언시스의 제품은 민감도가 무려 92%였다. 따라서 의료현장에서 분변잠혈 검사 대신 이 회사의 제품을 사용하면, 보험회사 입장에서는 총비용 절감 효과를 얻을 수 있다.

그런 이유로 이그젝트 사이언시스의 제품은 2014년 미국 FDA 허가와 동시에 미국 공보험인 메디케어의 급여목록에 함께 등재됐다. 통상 민간기업에서 보험 급여를 먼저 등재하고 추후에 공보험 급여목록에 등재되는 것을 고려하면 상당히 파격적인 조치였다. 그만큼 사회적 필요가 컸던 제품이라고 할 수 있다.

의료기기의 상업적 성공을 위해서는 FDA의 허가를 받는 것도 중요하지만, 그보다는 보험사 급여목록에 등재되는 것이 훨씬 더 중요하다. FDA의 임상을 통과해 허가를 받더라도 보험사에서 의료수가를 부여하지 않으면 병원에서는 해당 의료기기를 사용하지 않는다.

병원의 요구 충족도 중요하다. 아무리 보험에서 급여 혜택을 주더라도 의사들이 처방하지 않으면 매출이 발생하지 않는다. 선별검사는 통상적으로 1차병원에서 진행하는데 1차병원에서는 이윤이 높은 제품을 선호한다. 이그젝트 사이언시스의 제품은 약 500달러로 분변잠혈 검사의 20달러에 비해 이윤이 상당히 많다. 그리고 병원에서 진단키트만 환자에게 전해 주면, 환자가 스스로 집에서 용변을 채취한 후 회사로 보내는 구조라서 의사 입장에서는 상담 이외에는 별다른 노동력이 투입되지 않는다는 장점이 있다.

이와 같은 히스토리를 이해하면 이그젝트 사이언시스가 왜 4년 만에 텐배거가 되었는지를 이해할 수 있고, 그렇다면 지노믹트리에도 텐배거의 기회가 열려 있다고 생각할 수 있다.

| 반드시 확인해야 하는 리스크 |

그렇다면 지노믹트리의 리스크 요인은 무엇일까? 지금부터 지노믹트리의 리스크 요인을 확인하고 체크해 보자.

코스닥에 남아 있으려면 매출액이 30억 원을 넘어야 하고, 법인세차감전 계속사업손실액이 자기자본의 50%를 초과하면 안 된다. 그렇지만 지노믹트리와 같은 기술특례 상장기업의 경우에는 매출액 30억 원 초과 조건은 상장한 해를 포함해서 5년간 유예해 주고, 법인세차감전 계속사업손실액 자기자본 50% 이하 조건도 상장한 해를 포함해서 3년간 유예해 준다.

지노믹트리는 2019년 3월에 코스닥 시장에 상장했다. 매출액 30억 원은 5년간 유예해 주므로 2019년부터 2023년까지는 이 규정을 지키지 않아도 되고, 2024년 연말 기준으로 매출액이 30억 원을 넘으면 된다.

지노믹트리의 2022년 연결포괄손익계산서를 보면 매출액이 298억 원이다. 그래서 30억 원이 넘었을 것으로 생각하기 쉽다. 그렇지만 여기서는 연결포괄손익계산서를 보면 안 되고 개별재무제표를 봐야 한다.

지노믹트리의 개별재무제표를 보면 2022년 매출액은 약 20억 원이다. 2021년도 매출액은 24억 원이고, 2020년도 매출액은 17억 원이다.

연결재무제표상 2022년에 매출액이 290억 원에, 영업이익이 24억 원인 이유는 미국의 자회사가 코로나19의 유전체 분석 서비스로 매출을 크게 일으켰기 때문이다.

다음으로, 법인세차감전 계속사업손실액이 자기자본의 50%를 초과하는지 여부다. 이 조항은 3년간 유예이기 때문에 2021년부로 유예가 끝났고, 2022년 재무제표부터는 이 조항이 적용된다.

계산해 보면, 2022년 법인세차감전 순손실이 370억 원 정도이고, 자본총계는 연결재무제표에서 대략 1,007억 원이다. 법인세차감전 계속사업손실액을 자기자본으로 나누면 대략 37%로, 50% 이하이기 때문에 크게 우려할 필요는 없다.

그러므로 지노믹트리에 관심이 있는 투자자라면 항상 매출액을 확인해야 한다. 현재 지노믹트리 국내 매출의 대부분은 대장암 진단기기인 얼리텍C에서 나온다. 2024년에는 얼리텍C의 건강보험적용이 가능할 것으로 예상되는데, 하나증권보고서에 의하면, 건강보험이 적용될 경우 나이 45세 이상 약 2,900만 명 중 검사 비용 10만 원, 3년 주기 검사, 침투율 15%로 가정하면 국내에서만 연간 매출액 약 1,450억 원이 발생한다. 따라서 2024년 개별재무제표상 매출액 30억 원을 달성하는 데는 큰 문제가 없으리라 생각되지만 항상 확인하고 체크해야 한다.

정리하면, 메디톡스의 과거를 통해 세계에서 두 번째로 혁신적인 제품을 만들면 엄청난 성장 가능성이 있다는 사실을 알게 되었다. 그러니 어떤 회사가 세계에서 두 번째로 획기적인 제품 개발에 성공했다는 뉴스나 소식을 접하면, 그때부터 이 기업에 대해 알아보고 공부해야 한다. 이것도 10배 상승이 가능한 성장주를 발굴하는 또 다른 방법이라고 생각한다. 과거에 어떤 변수가 주가에 어떤 영향을 미쳤는지 그 히스토리를 알면 성장주 발굴에 도움이 된다.

26

성장주 발굴법②
'메지온'

| 과거에 아깝게 실패한 임상이 기회 |

'메지온'은 주식투자자들에게는 아주 유명한 종목이다. '유데나필'이라는 희귀질환 치료제를 개발해서 FDA 임상 3상까지 진행했다가 아깝게 실패한 적이 있어서다.

유데나필은 단심실을 가진 환아에게 최종적으로 시행하는 수술인 폰탄Fontan 수술 환자 치료제로, 2016년에 미국에서 임상 3상 시험을 시작했다. 이후 임상결과를 바탕으로 2020년 6월 FDA에 단심실증 환자 치료제로 신약 허가를 신청했지만 1차 지표의 통계적 유의성(이하 P값)에 대한 지적을 받았다. P값이 0.05 이하여야 하는데 유데나필의 P값은 0.09였다. 그래서 아깝게 임상을 통과하지 못했다. 또 하나의 신약

"실패할래야 실패할 수 없는 임상"…메지온, 유데나필 3상 재수 '성공' 자신

지난 17일 FDA로부터 2차 임상서류 접수 확인 통보 받아
수주 내 환자모집 개시하고 임상 시작할 예정
p값 0.1 이내면 품목허가…유례없는 품목허가 기준 합의

등록 2023-02-24 오후 2:30:41
수정 2023-02-24 오전 11:27:43

출처: 이데일리(2023.2.24).

이 탄생할 뻔했는데, 마지막 관문을 통과하지 못한 것에 대해 많은 투자자가 아쉬워했다. 여기까지가 지난번 임상의 결과였다.

그러다가 2023년 2월 24일에 위의 기사가 눈에 들어왔다. 과거에 아깝게 임상을 통과하지 못한 사실을 아는 터라 자연스럽게 이 기사에 눈길이 갔다. 이 기사를 보면 유데나필의 P값이 0.1 이내에 들어오면 미국 FDA로부터 품목허가를 받을 수 있는, 유례없는 기준을 적용받게 되었음을 알 수 있다. 지난번 임상에서 유데나필의 P값이 0.09였으니 이번에 임상 3상을 통과할 가능성이 크다는 것을 어렵지 않게 유추할 수 있고, 임상이 끝날 때까지는 주가가 크게 상승하리라는 걸 짐작할 수 있다.

유데나필의 임상 3상이 재개된 배경을 살펴보면, FDA로부터 P값에 대한 지적을 받은 후 메지온은 '슈퍼 폰탄' 환자를 제외한 데이터를 내놓았다. 그러나 FDA로부터 새로운 분석 내용은 사후 분석이며, 규정상 승인 여부 판단 근거로 사용하기 어렵다고 또다시 지적을 받았다. 그러면서 FDA는 처음부터 슈퍼 폰탄을 제외한 환자로만 구성한 별도의 임상 시험을 제안했다. 슈퍼 폰탄은 최고 산소섭취량이 정상인의 80% 수준인 환자를 말하는데, 정상인에 가깝기 때문에 유데나필의 효능이 떨어지는 게 당연하다는 사실을 FDA가 받아들였다고 볼 수 있다.

정상인의 심장 좌심방에서는 좌심실로 혈액을 보내고, 우심방에서는 우심실로 혈액을 보낸다. 하지만 단심실증 환자의 경우에는 좌심방과 우심방의 혈액이 모두 하나의 심실로만 들어가서 섞인다. 이를 치료하지 않으면 대부분 영아기에 사망한다. 따라서 혈액이 심실로 들어가지 않고 바로 폐동맥으로 가도록 수술을 하는데, 이를 폰탄 수술이라고 한다. 폰탄 수술은 두 살 전후에 실시되며, 이 수술을 받으면 수명은 연장되지만 완치가 되는 것은 아니고 점차 자라면서 심부전 등 다양한 합병증이 나타난다. 유데나필은 혈관을 이완해 혈액 흐름을 원활하게 해줌으로써 이 합병증을 치료하는 약이다.

유데나필이 어떤 약이라는 건 알았으니, 이번에는 임상에 대해 이야기해 보자. 통상적으로 치료제는 P값이 0.05 이내일 때만 효과가 있다고 판단한다. 즉, 100명 중에서 95명에게 효과가 있어야 임상 성공으로

■ **메지온 유데나필 폰탄 임상 3상, 3b상**

시기	2016년	2023년
임상 시험 단계	임상 3상	임상 3b상(추가)
첫 환자 방문(예정)	2016.7.22.	2023.9.20.
마지막 환자 방문(예정)	2019.4.30.	2025.10.28.
모집환자	400명	436명

출처: 시사저널e.

간주한다. 그런데 유데나필은 지난번 FDA 임상에서 P값이 0.09였다. 이는 100명 중에서 91명에게만 효과가 있었고 나머지 9명에게는 효과가 없었다는 뜻이다. 그래서 임상 3상에 실패했는데, FDA가 P값을 0.1로 올려줄 테니 다시 임상하자고 제안한 것이다. 지난번 임상에서 100명 중 91명에게 효과가 있었으니까, 임상 결과가 지난번과 같기만 하면 임상을 통과할 수 있다.

그런데 P값의 조정보다 더 중요한 것이 있었다. 바로 슈퍼 폰탄 환자를 제외하는 것이었다. 지난번 임상에서는 투여군 200명 중에 슈퍼 폰탄 환자 50명이 포함되어 있었다. 이들은 정상인에 가깝기 때문에 치료가 필요하지 않아서 유데나필의 약효가 미미하다. 이 때문에 지난번 임상 때 슈퍼 폰탄 환자에게는 유데나필의 약효가 없는 것으로 판명 났고, 그 결과 P값이 올라갔던 것이다.

슈퍼 폰탄 환자를 제외한 지난번 임상 3상의 P값은 0.023이었다. 그러므로 새로운 임상에서 P값이 0.1 미만으로 나올 것은 거의 확실하다.

| 주의할 부분은 없었나? |

그런데 내가 매수를 결정하기 전에 한 가지 걸림돌이 있었다. 그것은 회사의 자금 사정이 넉넉하지 않다는 것이었다. 그렇지만 곧바로 'BRV캐피탈'이 500억 원을 투자했다는 공시가 나왔고, 자금 문제가 해결된 메지온에 나는 편하게 투자할 수 있었다. 참고로 BRV캐피탈은 '폐

이팔Paypal', 구글맵 등에 투자한, 신뢰할 만한 투자회사다.

만약 메지온의 과거 히스토리를 아는 투자자였다면, 앞에서 나온 이데일리의 기사를 봤을 때 이 종목이 눈에 바로 들어왔을 것이고, 기사 내용도 쉽게 이해했을 것이다. 그러면 메지온이 성장주임을 자연스럽게 인지했을 것이고, 망설임 없이 투자를 결정했을 것이다. 설사 자신이 투자한 회사가 아니더라도 다른 종목에서 어떤 일이 발생했는지 그 히스토리를 꼼꼼하게 챙겨 두면, 나중에 종목 발굴에 도움을 받을 수 있다는 사실을 메지온 사례를 통해 알아보았다.

27

성장주 발굴법③
거인의 어깨에 올라타라

| 혁신산업에 발 담그기 |

일론 머스크가 2022년 9월 30일 미국 캘리포니아에서 열린 '테슬라 AI 데이' 행사에서 휴머노이드 로봇 '옵티머스'를 공개했다. 그는 옵티머스 시제품을 소개한 후 '대량 생산되는 로봇에게는 문명을 변화시킬 힘이 있다'면서 '로봇이 풍요로운 미래, 빈곤 없는 미래를 만들 것'이라고 말했다. 그 당시 옵티머스는 아직 스스로 걷지 못했기 때문에 사람들이 들어서 무대 위에 세워야 했고, 몸체 밖으로 부품과 전선이 삐죽 튀어나오기도 했다. 그렇지만 개발기간이 1년 미만이라는 점을 감안하면 대단한 발전이었다. 그는 옵티머스를 3년에서 5년 이내에 시판하겠다는 계획도 밝혔다.

그런데 머스크의 말 중에서 내가 가장 관심을 가진 것은 가격이었다. 그는 휴머노이드 로봇의 가격을 2만 달러 이내로 맞추겠다고 했다. 우리 돈으로 약 2,600만 원인데, 나는 이 가격이 모든 것을 설명해 준다고 생각했다. 이 정도 가격이라면 로봇이 급속히 보급되고 시장이 폭발적으로 성장하는 데 무리가 없겠다는 생각이 들었다. 로봇의 시대가 본격적으로 다가오고 있음을 피부로 느낄 수 있었고, 로봇 관련 주의 상승이 임박했음을 알 수 있었다. 앞에서도 말했듯이 로봇산업이라는 혁신산업이 태동기에 속하기 때문이다.

28

성장주 발굴법③
'레인보우로보틱스'

| 로봇산업의 거인은 누구인가? |

혁신산업의 태동기에는 주가가 몇백 퍼센트씩 크게 상승한다고 5장에서 이야기했다. 혁신산업의 주가 상승 사이클을 이해하는 우리는 여기에 올라탈 준비를 하면 된다. 로봇 관련 주 중에서 대장주 역할을 할 가능성이 가장 큰 종목은 '레인보우로보틱스'다. 그래서 레인보우로보틱스를 텐배거 후보로 올려놓았다.

레인보우로보틱스는 2004년에 휴머노이드 로봇 '휴보Hubo'를 만든 카이스트 연구진이 2011년에 설립한 회사다. 휴보는 개발 당시 많은 뉴스매체에 등장했기 때문에 우리에게 익숙한 로봇이다.

레인보우로보틱스는 '협동 로봇', '사족보행 로봇', '이족보행 로봇' 그

■ 휴머노이드 로봇 '휴보'

리고 천체 관측용 거치대인 '천문마운트' 등 다양한 로봇을 만드는 로봇 전문 기업이다. 의료용 로봇을 만드는 '오앤드리메디컬로봇'이라는 회사의 지분도 85% 보유하고 있다.

국내 최초로 휴머노이드 로봇 제조기술을 보유한 업체이기도 한 레인보우로보틱스는 핵심부품과 소프트웨어를 자체 제작할 수 있는 역량을 지녔다. 그 덕분에 판매가를 저렴하게 책정하고, 경쟁력을 극대화할 수 있는 장점이 있다.

다음 차트는 앞서 4장에도 나온 것으로, 혁신산업의 주가는 이 차트와 같이 움직일 가능성이 크다. 따라서 레인보우로보틱스의 주가도 이 차트처럼 움직일 가능성이 크다고 유추할 수 있으므로, 레인보우로보틱스 주식을 ①에서 매수해 ②에서 매도하는 전략을 세울 수 있다.

■ 혁신산업의 주가 전개

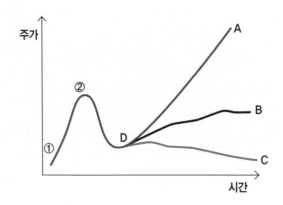

정리해 보자. 일론 머스크나 워런 버핏과 같은 사람들의 말은 투자자들에게 커다란 영향을 미친다. 이런 인플루언서들의 말을 들었다면 그냥 흘려보내지 말고, 주식시장에 어떤 영향을 미칠 것인지에 대해 항상 사고실험을 해봐야 한다.

2022년 가을에 일론 머스크는 투자자들이 로봇에 관심을 가질 수 있도록 여건을 조성했다. 그 덕분에 레인보우로보틱스 주가가 ①에서 ② 까지 상승하는 혁신산업의 초기 상승곡선이 나올 가능성이 매우 커졌다. 이 사이클을 이용해 보자는 것이 레인보우로보틱스가 텐배거가 될 수 있다고 말한 배경이다. 더 자세한 내용은 '5장 타이밍'을 참조하기 바란다.

27

모든 성장주는
같은 흐름을 보일까?
(feat. '의료 AI' 관련 주와 '로봇주'의 비교)

| 경쟁강도가 다른 의료 AI와 로봇 분야 |

의료 AI나 로봇 산업은 모두 다 혁신산업으로 태동기에 속한다. 그렇다면 두 섹터의 주가 흐름은 같을까? 물론 정답은 나도 모르지만 개인적인 의견은 있다. 큰 틀에서는 흐름이 비슷하겠지만, 세부적으로는 많이 다를 것이라고 생각한다.

그 이유는 경쟁강도 때문이다. 우리나라의 웬만한 대기업들은 모두 다 로봇산업에 뛰어들고 있다. 삼성전자, 두산그룹, 한화그룹은 이미 협동용 로봇산업에 뛰어든 상태이고, LG전자나 현대차그룹도 로봇에 진심이다. 특히 현대차그룹은 2020년에 미국의 1등 로봇기업이라고 할 수 있는 '보스턴 다이내믹스Boston Dynamics'의 지분 80%를 10억 달러에 인수한 바 있다. 보스턴 다이내믹스는 미국의 로봇 전문 업체로 4족 보행 로봇 '스폿Spot'과 2족 보행 로봇 '아틀라스Atlas' 등 혁신적 로봇을 개발해 온 선두업체다. 로봇산업이 미래를 지배할 핵심산업 중 하나인 만큼 그룹 간의 경쟁이 굉장히 치열하다.

글로벌하게는 일본의 로봇기술이 굉장히 뛰어나다는 건 이미 알려진 사실이고, 중국의 로봇기술도 상당한데 가격경쟁력까지 보유하고 있다. 특히 가장 주목해야 할 기업은 테슬라다. 일론 머스크는 휴머노이드 로봇 옵티머스를 3년에서 5년 이내에, 그것도 2만 달러 이내로 판매할 계획이라고 앞서 이야기했다. 결국 로봇산업은 글로벌 경쟁 격화에 따른 판매단가 인하 등 치킨게임에 들어갈 가능성이 농후하다. 로봇이 보편화되면서 경쟁강도가 세지면 201쪽 차트의 D지점까지 주가가 하락할 가능성이 있다. 그러다가 어느 기업이 글로벌 1등 기업으로 자리를 잡으면, 그 회사는 A와 같은 주가 흐름을 보일 것이고, 경쟁에서 도태된 기업은 C와 같은 주가 흐름을 보일 것이다.

하지만 나는 같은 혁신산업이라고 할지라도 의료 AI는 주가 사이클이 다를 가능성을 염두에 두고 있다. 로봇은 내로라하는 큰 기업들이 경쟁하는 각축장이 되겠지만 의료 AI는 의료에 특화되어 있기 때문에 대기업들이 진입하기 어렵다. 삼성그룹, 현대차그룹, 두산그룹과 같은 큰 재벌들이 진입하기 어려운 시장이다. 물론 시장 규모도 로봇보다 작다. 그래서 로봇만큼 경쟁이 치열하지 않을 것이다. 글로벌 시장도 마찬가지다.

의료 A와 로봇의 다른 점 또 한 가지는 로봇은 기술만 좋으면 테슬라처럼 단기간에 완성도 높은 제품을 만들 수 있다는 점이다. 테슬라는 로봇을 개발한 지 2년도 안 됐지만, 10년도 넘은 로봇 업체보다 더 완성도 높은 휴머노이드 로봇을 개발했다. 어느 회사가 됐건 완성도 높은 제품을 싸게 공급하기만 하면 승자가 된다. 이는 제조업의 특성이기도 하다.

하지만 의료 AI는 다르다. 기술 문제도 있지만, 그보다 더 중요한 것은 '데이터의 축적'과 '시간'이다. 아무리 기술력이 좋은 업체라고 해도 데이터의 축적 없이는 고품질 의료 AI 서비스를 제공할 수 없다. 그런데 이런 AI를 고도로 훈련시킬 만한 데이터를 단시간에 확보하기가 쉽지 않다. 이런 이유로 나는 의료 AI가 경쟁강도도 약하고, 후발업체가 선발업체를 따라가기 어려운 구조라고 생각한다. 따라서 의료 AI 선두업체의 주가 하락은 생각보다 깊지 않을 수 있다.

■ **혁신산업의 주가 전개 차별화**

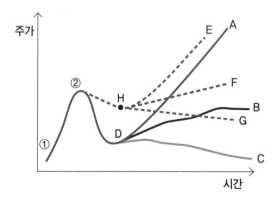

성장주 패러다임

경쟁강도가 센 로봇 관련 주식의 주가는 이 차트의 빨간색 선을 따라 전개될 가능성이 있다고 앞에서도 이야기했다. 하지만 같은 혁신산업이면서 경쟁강도가 로봇만큼 세지 않은 의료 AI는 검은색 점선과 같은 주가 흐름을 보일 가능성이 크다.

즉, 태동기에 ②까지 상승한 후 치킨게임이나 경쟁의 격화에 따라 D까지 깊게 조정받기보다는, H처럼 비교적 약하게 조정받은 후 주가가 차별화될 가능성이 크다. 글로벌 1위 자리를 차지하면서 크게 성장하는 의료 AI 기업은 E와 같은 주가 흐름을 보일 가능성이 크고, 경쟁에서 도태되는 기업은 G와 같이 주가가 하락할 가능성이 크다.

30

성장주 발굴법④
AA등급의 신규 상장주

| 상장 전부터 인정받은 기업에 관심을 가져라 |

새로운 패러다임의 시대가 왔을 때 해당 산업에서 가장 앞서 나가는 기업에 투자하는 것은 아주 훌륭한 투자방법 중 하나다. 예를 들면, 인터넷의 시대가 도래했던 2000년대 초반에 NAVER나 구글에 투자한다거나, AI와 딥러닝의 강력한 시너지 효과가 알려지면서 GPU가 AI의 핵심기업으로 떠오른 2012년에 엔비디아에 투자하는 것을 가리킨다.

새로운 패러다임은 아무래도 새로 태동한 혁신산업에서 나올 가능성이 크다. 그렇기 때문에 우리는 혁신산업과 관련된 신규상장 종목에 관심을 가져야 한다. 혁신산업의 신규상장 종목의 경우, 보호예수 물량이 출회된 후 조정받는 시점이 매수에 관심을 갖기 좋은 타이밍이다.

새로운 패러다임에 편승하자는 것이다.

이와 관련해서 내가 눈여겨보는 종목들은 AA등급을 받은 후 기술평가 특례에 따라 상장한 기업들이다. 기술평가 특례상장은 기술력이 우수한 기업에 한해, 매출이나 영업이익 등 수익성 부분에서 상장하기에 아직 미흡하더라도 상장할 기회를 부여하는 제도다.

기술평가 특례상장을 신청하기 위해서는 한국거래소가 지정한 2개의 기술평가 기관에서 평가를 받아야 한다. 한 기관에서 A등급, 한 기관에서 BBB등급 이상을 받아야 하는데, 이 조건을 충족하기가 쉽지 않다. 이 조건을 충족하지 못해서 기술평가 특례상장 대상에서 탈락하는 업체들이 무수히 많다. A등급을 받기도 이렇게 힘든데 그보다 높은 AA등급을 받기는 더욱 어렵다. 그래서 지금까지는 손에 꼽을 만큼 소수의 기업들만이 AA등급을 받았다. 내가 알기로는 '파크 시스템즈', '루닛', '알테오젠'만이 두 기관으로부터 모두 AA등급을 받았고, 그 외에 '레인보우로보틱스' 등은 한 개 기관으로부터 AA등급을 받았다.

보다시피 이렇게 AA등급을 받은 것들은 모두 주식시장에서 상당한 관심을 끌며 돌풍을 일으켰던 종목들이다. 그렇기 때문에 AA등급 업체가 상장한다고 하면 일단 관심을 가져야 한다. 2023년 하반기에 상장한 '파두'와 '퀄리타스 반도체' 그리고 '아이엠티'가 여기에 해당한다.

31

성장주 발굴법④
'파두'

| AA등급의 기술성 평가 |

'파두'는 2022년 9월에 기술성 평가에서 AA등급과 A등급을 받아서 기술평가 특례상장에 성공했다. 파두 내부적으로는 반도체 업계 최초로 두 기관에서 모두 AA등급을 받기를 기대했지만, 한 개 기관에서는 A등급을 받아 실망했을 정도로 기술력에는 자신이 있었다고 한다. 그렇지만 한 개 기관에서 AA등급을 받는 것만 해도 대단한 일이다. 그만큼 파두는 관심을 가지고 공부해야 하는 기업이다.

파두를 말할 때 항상 따라붙는 수식어가 있다. 우리나라 최초의 팹리스Fabless 기업이라는 것이다. 팹리스는 생산시설 없이 설계만 하는 반도체 회사를 일컫는다.

반도체 회사는 IDM, 팹리스, 파운드리foundry의 세 가지로 크게 나뉜다. 대표적인 팹리스 기업으로는 '애플', '인텔', 'AMD', '엔비디아', '퀄컴', '미디어텍MediaTek'이 있는데, 이 6개 회사를 '글로벌 빅6 팹리스 회사'라고 한다.

파운드리는 반도체를 위탁 생산하는 업체를 말하는데 대만의 TSMC가 대표적이다. 그리고 파운드리와 반도체 설계를 다 하는 회사를 IDM, 즉 종합반도체 회사라고 하며 삼성전자가 대표적이다.

최근에 자율주행이나 AI 등이 발달하면서 반도체 설계와 디자인이 모두 제각각으로, 설계와 공정의 난도가 매우 높아졌다. 그래서 반도체 산업은 IDM 중심에서 팹리스 또는 팹라이트 모델로 점점 변모하고 있다. 팹라이트는 IDM이 설비를 더 이상 추가하지 않고 사실상 팹리스 기능을 강조해 나가는 것을 말하기 때문에 팹리스와 동일하다고 볼 수 있다.

내가 파두에 관심을 가진 이유는 무엇일까? 그 이유는 파두가 SSD 컨트롤러에서 독보적인 기술력을 가지고 있기 때문이다.

| 하이퍼스케일 데이터센터의 성장성 |

단행본 책이라든가 잡지를 통해서 또는 유튜브 영상을 통해서 나는 데이터센터의 성장성에 대해 이미 알고 있었다. 과거에는 데이터를 처리하는 기기가 핸드폰 등과 같은 개인 기기였다. 기업도 마찬가지였다. 초창기에는 사내에서 자체 데이터를 처리했다.

하지만 처리해야 하는 데이터가 점점 증가하고 고도화하면서 이제는 데이터센터가 부각되고 있다. SNS나 클라우드 등은 모두 데이터센터와 연결되어 있다. 그중에서도 굉장히 큰 규모의 데이터센터를 하이퍼스케일 데이터센터라고 하는데, 지금은 하이퍼스케일 데이터센터가 대세인 시대다. 여기까지는 여러 매체를 통해 우리가 이미 알고 있는 사실이다.

자료를 찾아보면 '챗GPT' 등장 이후 빅테크들을 중심으로 데이터센터 설립 붐이 일어나고 있고, 데이터센터 설립에 몰리는 자금이 2022년 43조 원에서 2030년에는 66조 원으로 크게 증가할 거라는 조사 결과도 있었다. 2023년 데이터 처리량은 2020년에 비해 50배나 늘었고, 2025년에는 2023년 대비 또다시 81%가 늘어날 거라는 전망도 나왔다.

특히 빅테크가 주도하는 하이퍼스케일 데이터센터의 성장세가 두드러질 것이라는 예측이 많았다. 그렇다면 하이퍼스케일 데이터센터에 적합한 반도체를 만드는 기업에 당연히 관심을 가져야 하지 않을까?

파두는 범용 SSD 컨트롤러보다는 하이퍼스케일 데이터센터에 적합한 제품에 특화되어 있다. 데이터 수요가 급증하면서 하이퍼스케일 데이터센터는 성장을 계속할 것이고, 그에 따라 점점 더 높은 사양의 SSD 컨트롤러를 만들어야 하는데 파두의 제품이 이에 적합하다.

| 제품의 경쟁력 |

새로 상장하는 기업을 공부할 때는 우선 증권신고서를 봐야 한다. 파두의 증권신고서를 보면 아래의 사실들을 알 수 있다. SSD 컨트롤러를 평가할 때는 다음의 두 가지를 보면 된다.

첫 번째 요소는 읽기와 쓰기다. 다음 표를 보면 Gen3 제품에서 파두의 제품은 경쟁사와 비교할 때 압도적으로 뛰어난 성능을 보여준다.

■ **제품 성능 비교(Gen3)**

제품명 구분	Pcle NVMeGen3			
	파두	A사	B사	C사
연속읽기 성능(MB/s)	3,500	2,000	2,000	3,000
연속쓰기 성능(MB/s)	2,700	1,200	1,430	1,400
임의읽기 성능(K IOPS)	800	245	295	480
임의쓰기 성능(K IOPS)	100	28	36	47

* 연속읽기: 초당 얼마나 많은 용량을 읽어서 내보내는지 평가
* 연속쓰기: 초당 얼마나 많은 용량을 받아서 기록하는지 평가

출차: '파두' 증권신고서.

■ **제품 성능 비교(Gen4)**

제품명 구분	Pcle NVMeGen4			
	파두	A사	B사	C사
연속읽기 성능(MB/s)	7,300	6,900	6,500	6,500
연속쓰기 성능(MB/s)	4,600	4,200	3,400	3,500
임의읽기 성능(K IOPS)	1,550	1,400	700	900
임의쓰기 성능(K IOPS)	185	170	170	180

출차: '파두' 증권신고서.

Gen4도 타사의 제품보다 성능이 뛰어나다. 파두는 Gen5까지 제품 개발을 모두 마친 상태다.

SSD 컨트롤러를 평가할 때 봐야 할 두 번째 요소는 전력효율이다. 사실상 전력효율이 읽고 쓰는 능력보다 더 중요하다고도 할 수 있다. 전력효율이 중요한 이유는 SSD의 성능이 최근에 급격히 발전됨에 따라서 소모하는 전력 역시 그와 비례해 빠르게 증가하고 있기 때문이다. 그런데 이런 트렌드는 여러 가지 부작용을 낳는다. 예를 들어, 현재 아마존의 데이터센터에서는 1,500만 개 이상의 SSD가 구현되는데, 이는 무려 3억 W의 전기를 필요로 한다. 연간 소비량을 기준으로 하면 전력 비용만으로도 3,000억 원가량의 추가 비용이 발생한다.

이보다 더 큰 문제는 발열이다. SSD의 전력소비량이 과거에 비해 7배나 증가하면서 훨씬 더 많은 열이 발생하게 되었다. 기존 컴퓨터 시스템에서는 SSD가 발생시키는 열이 미미해서 컴퓨터 시스템을 설계할 때 큰 고려대상이 아니었다. 하지만 이제는 스토리지 서버에서 SSD가 CPU나 GPU만큼 열을 발생시키는 부품이 되었고, 이는 시스템의 안정성과 성능에 큰 위협이 되고 있다. 그래서 최근 SSD에는 매우 큰 방열판이 붙어 있다.

발열량이 많아지면 '스로틀throttle 현상'이 발생한다. 발열량이 증가하다 보면 CPU의 성능이 저하되고 부하가 많이 걸려 CPU가 처리할 수 있는 한계를 넘어서 버린다. 그래서 컴퓨터의 성능이 저하되는데 이것을 스로틀 현상이라고 한다.

그렇다고 SSD의 성능을 의도적으로 낮출 수는 없다. 점점 더 많은

- **Gen3 제품별 전력효율 비교**

항목	파두 '브라보'	A사 제품	B사 제품	C사 제품
전력소모량(W)	6	7	8.25	7
전력효율(K IOPS/W)	133	35	35.8	60

출처: '파두' 증권신고서.

- **Gen4 제품별 전력효율 비교**

항목	파두 '델타'	A사 제품	B사 제품	C사 제품
전력소모량(W)	13	19	18	13
전력효율(K IOPS/W)	119	53	86	69

출처: '파두' 증권신고서.

양의 데이터를 처리해야 하는 것이 시대적 흐름이기 때문에 오히려 점점 더 성능이 좋은 SSD를 필요로 한다. SSD 성능의 핵심이 바로 컨트롤러다. 그래서 전력효율이 좋고 발열이 적은 컨트롤러의 수요가 점점 더 늘어나는데, 파두의 제품이 여기에 부합한다. 파두의 제품은 발열량이 현저히 낮고 전력소모가 적다.

위 표를 보면 Gen3 제품과 마찬가지로, Gen4 제품에서도 '파두의 델타'가 경쟁사 A, B, C의 제품과 비교할 때 전력소모량이 적고 전력효율이 매우 뛰어나다.

파두의 이지효 대표는 "SSD 컨트롤러 설계 업체가 전 세계적으로 30~40개 있는데, 그중에서 파두의 기술이 가장 앞서 있다"라고 자신하면서 "2~3년 이내에 전 세계 모든 데이터센터가 파두의 제품을 사용하게 될 것"이라고 자신감을 나타냈다. 파두는 SSD 컨트롤러 제품에 머무

르지 않고, 상장을 통해 확보한 자금의 80%를 연구 개발에 투자해서 전력 반도체, 통신 반도체, 메모리 스토리지 등으로 사업을 확장하고, 글로벌 데이터센터향 종합 팹리스 기업으로 도약하겠다는 포부를 밝혔다.

2022년 기준으로 기업용 SSD 컨트롤러 시장에서 파두의 점유율은 1% 남짓에 불과하다. 현재는 삼성전자가 시장점유율 44%로 압도적이다. 그 뒤를 이어 '마벨 테크놀로지Marvell Technology'가 13%, '마이크로칩 테크놀로지Microchip Technology'가 9%다. 파두의 목표는 향후 시장점유율을 이 두 회사와 비슷한 수준으로 끌어올리는 것이다.

파두의 이지효 대표는 "특정 기업의 이름을 거론하기는 어렵지만 여러 글로벌 데이터센터 기업과 파트너십을 구축해 나가고 있다"라면서 이미 다수의 글로벌 데이터센터와 협의를 진행 중이라고 밝혔다.

| 3분기 실적 발표 |

'파두'는 2023년 11월 8일 3분기 매출이 약 3억 원이라는 충격적인 발표 이후 주가가 반토막 나는 등 큰 혼란을 겪었다. 나 역시 멘붕에 빠져 '혹시 잘못 발표된 것이 아닐까?' 하고 생각했다. 이럴 때 반드시 해야 하는 일은 해당 회사에 미처 예상하지 못했던 문제가 있는지를 조사함으로써, 애초에 투자 아이디어가 잘못되었는지를 확인하는 것이다.

결론적으로 말하면, 나의 투자 아이디어는 잘못된 것이 아니었다. 나는 시장이 감정적으로 대응하거나 아니면 겁에 질려서 주가가 과도

하게 하락하는 거라는 결론을 내렸다. 그래서 파두를 매도하기보다는 오히려 추가로 매수할 기회로 생각했다. 그 과정을 한번 짚어보자.

더불어 이를 계기로 성장주든 다른 투자든 모든 투자에는 생각지도 못한 변수나 리스크가 등장할 수 있다는 점을 꼭 알아두었으면 한다.

┃ 가짜뉴스 잔치를 벌인 매체들 ┃

충격적으로 저조한 실적이 하락의 원인이지만, 본격적인 하락의 단초를 제공한 것은 한 매체에서 제공한 'SK하이닉스와의 거래 종료설'이었다. 파두 매출의 절반 이상은 '메타 플랫폼스Meta Platforms'에 공급하는 3세대 SSD 컨트롤러 제품에서 나온다. 이 제품은 SK하이닉스를 통해서 매출이 발생한다. 그런데 어찌 된 일인지 파두의 2분기와 3분기 하이닉스향 매출이 전무했다. 이에 한 매체는 'SK하이닉스가 고성능 SSD 컨트롤러를 내재화했기 때문에 향후 파두의 제품을 사용하지 않을 것'이라는 뉘앙스의 기사를 내보냈고, 이에 극도의 공포를 느낀 투자자들이 투매에 동참하면서 주가가 크게 하락하기 시작했다.

그렇지만 파두에 대해 제대로 공부한 투자자라면 이 매체의 기사가 사실이 아님을 알 수 있다. 글로벌 데이터센터의 경우 시스템 구축 단계에서부터 모든 부품사가 공동으로 참여하기 때문에 중간에 부품사 변경이 일어나지 않는다. SSD 컨트롤러도 디자인이라든가 스펙을 테스트하고 승인하는 데 6개월에서 1년 정도가 걸린다. 그렇기 때문에 지금 당장 제품을 개발했다고 해도 매출이 발생하기까지는 최소한 2년 정도가 걸린다.

그리고 앞에서도 설명했지만, 파두 제품의 성능은 타 경쟁사 대비 압도적으로 뛰어나다. 메타 플랫폼스 입장에서 SSD 컨트롤러를 타사 제품으로 바꿀 유인이 없다. 그것도 디자인부터 스펙까지 처음부터 다시 테스트해 가면서!

더구나 SSD 컨트롤러의 선택 권한은 최종소비자인 메타 플랫폼스에 있다. 그래서 메타 플랫폼스가 P/O(구매주문서)에 "컨트롤러는 파두 제품을 사용하라"라고 명시해서 SK하이닉스에 보내면, SK하이닉스가 낸드에 SSD 컨트롤러를 부착해서 메타 플랫폼스에 납품하는 구조다. 이런 프로세스를 잘 모르는 매체의 기자가 사실에 근거하지 않고 쓴 기사로 인해 주가가 크게 하락했는데, 파두의 투자자라면 이런 사실까지 알아야 한다.

| 실적 하락의 원인 |

파두가 충격적으로 저조한 실적을 낸 이유는 두 가지로 요약된다.

첫 번째 이유는 낸드 가격의 하락이다. 2023년 내내 낸드 수요가 줄면서 가격이 크게 하락했다는 건 삼척동자도 다 아는 사실이다. 낸드 가격이 계속 하락하자 최종 소비자인 메타 플랫폼스는 빨리 발주하면 낸드를 높은 가격에 사야 하기 때문에 발주를 계속 늦추었다. 그러면서 이와 동시에 고속 컴퓨팅 셋업을 위해 Re-tailing(수정작업)을 진행했다. 이 같은 이유로 부품구매가 전면 중단됐던 것이다.

이에 더해서 '챗GPT' 이후에 GPU 구매가 시급했던 빅테크들이 SSD에 집중할 수 없었던 것도 한 가지 원인이다. 이런 이유로 낸드 발주가 없었기에 파두의 SK하이닉스향 매출이 없었다고 볼 수 있다. 실제로 그 당시 수출데이터를 보면 국내 SSD 수출이 2023년 2분기와 3분기에 거의 없다는 것을 확인할 수 있다.

같은 이유로 삼성전자와 SK하이닉스도 어닝쇼크를 기록했지만 향후 실적이 좋아질 것이라는 기대감 때문에 그냥 넘어갔다. 하지만 파두는 SSD 컨트롤러라는 단일 품목을 생산하는 기업이다 보니 직격탄을 맞을 수밖에 없었다.

파두의 2023년 2분기와 3분기 매출이 부진했던 두 번째 이유는 SSD 컨트롤러의 세대교체 때문이다. 기존 3세대 제품이 이제 4세대, 5세대 제품으로 교체되고 있는데, 그동안 매출의 대부분을 차지하던 3세대 제품의 수요가 줄어든 반면에 아직 다음 세대 제품의 매출이 본격화하지 않은 상태여서 매출이 부진했다. 즉, 과도기였기에 매출이 줄어들 수밖에 없었다.

| 향후 매출 전망 |

단기적으로는 낸드 가격이 바닥을 찍고 반등하면서 주문이 다시 들어오기 시작해, 4분기부터는 매출이 회복되는 것을 확인할 수 있었다.

하지만 단기실적보다 중요한 것이 중장기 경쟁력이다. 처음에 생각했던 회사의 경쟁력이 훼손되지 않았는지를 확인하는 것이 중요하다. 그래서 파두라는 기업에 대해 다시 공부했는데, 처음에 공부했을 때보다 오히려 경쟁력이 더욱 강화되고 있음을 알 수 있었다.

파두 투자의 핵심은 '고성능 5세대 SSD 컨트롤러'를 만들 수 있는 기업은 삼성전자와 파두밖에 없다는 것이다. 이는 굉장한 매력 포인트다.

이 사실이 왜 중요할까? 앞으로 데이터센터에서는 AI를 처리하려면 반드시 고성능 5세대 제품을 사용해야만 한다. 그런데 이런 고성능 제품을 만들 수 있는 곳이 글로벌하게 삼성전자하고 파두밖에 없다.

따라서 현재 파두가 거래하고 있는 메타 플랫폼스뿐만 아니라 아마존, 마이크로소프트, 애플, 구글 등 모든 빅테크 기업이 우르르 달러와 파두의 제품을 쓸 수밖에 없다. 그러면 매출과 영업이익이 당연히 크게 늘어날 것이다. 이것이 내가 보는 파두 투자의 핵심이다.

하이퍼스케일 데이터센터는 시스템 구축 단계에서부터 모든 부품사가 공동으로 개발에 참여하기 때문에 중간에 부품사 변경이 일어나지 않는다고 앞서 이야기했다. 그리고 일단 매출이 발생하면 3년에서 5년 동안 꾸준히 이어진다.

메타 플랫폼스를 상대로는 이미 고성능 5세대 SSD 컨트롤러의 매출이 발생하기 시작했다. 아마존은 2023년 말에 파두와 SSD 컨트롤러 스펙을 서로 공유하기로 했다고 한다. 그러면 아마도 2024년 3분기나 4분기부터 아마존향 매출이 본격적으로 발생할 것이다. 그 외에 탑티어 글로벌 우주항공 기업과도 독점적 계약을 체결했다. 우주환경에서 가동되는 위성용 제품 특성상 세계 최저 수준의 저전력, 저발열 모드의 SSD 컨트롤러가 요구되는데, 파두가 이 부문에서 글로벌 탑티어 기술을 가지고 있기 때문이다. 그 외에 다른 빅테크들을 대상으로도 비슷한 시기부터 매출이 발생할 것으로 예상된다. 그러니까 2024년 3분기나 4분기부터 본격적인 매출이 발생되기 시작해서 2025년과 2026년에는 폭발적 매출성장이 가능할 전망이다. 주가는 당연히 그 전에 반영이 될 것이고…. 이것이 파두에 대한 투자 아이디어다.

한 가지 덧붙이자면, 스타트업이라 기존에는 거래선이 2개사(SK하이닉스와 메타 플랫폼스)밖에 없었다. 그렇지만 2023년 4분기부터는 신규 컨트롤러 사업에서 고객 1개사가 추가되었고, SSD 사업에서도 고객 2개사가 추가되었다. 파두는 컨트롤러 사업의 신규 고객이 글로벌 대형 메모리 업체인데, 파두와 공동으로 다양한 프로젝트를 진행하기로 이미 계약을 체결했다고 밝혔다. 이렇게 거래선이 점차 다변화되면서 매출이 안정되면 앞으로 2023년 3분기와 같은 실적 쇼크는 없을 것이라 생각한다.

정리하면, 기술평가 특례상장을 하는 업체 중에서 기술평가 기관으로부터 AA등급을 받은 기술 기업에 대해서는 항상 관심을 가져야 한다. 루닛, 레인보우로보틱스, 알테오젠, 파크시스템즈와 같이 주가가 크게 상승하면서 주식투자자들의 관심을 끈 종목 중에 AA등급의 신규 상장주들이 많다는 점에 주목하자.

결론적으로 성장주를 발굴하는 똑 부러지는 공식은 없다는 점이 실망스러울지도 모르겠다. 하지만 많이 읽고 공부하면서 시대적 흐름을 따라 패러다임의 변화를 파악하는 것! 그리고 그 중심에 있는 기업을 추려내는 것! 이것이 성장주를 발굴하는 가장 좋은 방법이라고 요약할 수 있다.

성장주 패러다임

32

큰 상승에 유리한
초창기 성장주

| 작은 주식을 철저하게 분석하라 |

버크셔 해서웨이의 부회장 찰리 멍거는 1994년 서던 캘리포니아대 USC 경영대학원 강연에서 "만약 젊어진다면 어떤 투자를 하겠느냐?"라는 질문에 "훌륭한 기업이 규모가 작을 때 초창기에 찾아내서 투자하겠다"라고 답했다. 그러면서 월마트를 세운 샘 월튼Samuel M. Walton이 처음 기업을 공개했을 때 월마트 주식을 사는 방법을 예로 들었다.

그는 이 방법을 시도하는 사람이 아주 많으며 정말 매력적인 방법이라고 치켜세웠다. 설사 상장 초창기가 아니라고 하더라도 아주 작은 주식을 연구 대상으로 삼아서 철저히 분석한 후, 특별하게 가격이 잘못 매겨진 기회를 탐색할 것이라고 했다.

나는 개인투자자들에게는 이것이 성장주에 투자하는 가장 좋은 방법이라고 생각한다. 성장주에 관심이 있다면 특히 작은 주식에 관심을 가져야 한다. 향후 크게 상승하는 종목들의 보편적인 특징은 다음과 같다.

첫째, 잘 알려지지 않은 종목들이 많다. 많은 사람이 알면 성장성 측면이나 기업 가치 측면에서 저평가되기가 쉽지 않기 때문이다.

둘째, 시가총액이 작은 소형주들이다. 통상 우량주라는 종목들은 이미 비대해진 상태라서 성장 속도가 느리고 너무 많이 알려져 있다. 따라서 탄력적인 주가 상승의 여지가 크지 않다.

셋째, 경영진이 유능하고 섹터가 성장산업에 속한다. 최고경영자를 비롯한 경영진의 중요성은 앞에서 여러 번 반복했다. 섹터가 성장산업에 속한다는 건 반드시 필요한 조건은 아니지만, 그래도 성장산업이면 더 유리하다. 예를 들어, 2000년의 인터넷이나 2023년의 AI가 대표적이다. 그렇지만 '삼양식품'과 같은 종목도 있다. 삼양식품은 섹터가 성장산업에 속하는 건 아니지만 기업 자체가 성장기업이다. 해외시장을 개척하면서 스스로 성장기업으로 자리매김했다.

넷째, 현금흐름이 좋고 성장성이 크다. 찰리 멍거의 말을 한 번 더 인용해 보겠다.

"두 가지 종류의 사업이 있습니다. 첫 번째는 12%를 버는 사업이며 여러분은 그해 말에 이익을 가져갈 수 있습니다. 두 번째 역시 12%를 벌지만 모든 잉여현금을 반드시 재투자해야 하므로 결국 남는 현금이 하나도 없습니다. 건설 장비를 파는 한 남자가 떠오릅니다. 그는 고객이 새 장비를 사면서 처분한 중고 장비를 인수한 후 그것을 바라보면서 "뒷마당에서 녹슬고 있는 저것이 나의 모든 수익이야"라고 말합니다. 우리는 이런 부류의 사업을 싫어합니다."

피터 린치도 그의 책 《전설로 떠나는 월가의 영웅》에서 이와 비슷한 말을 했다.

예를 들어 '피그아이언Pig Iron'이 주괴(鑄塊)를 모두 팔아 1억 달러를 벌었다고 가정하자. 여기까지는 좋다. 그러나 한편으로 피그아이언은 용광로를 최신 설비로 유지하기 위해 8,000만 달러를 지출해야 한다. 이것이 문제다. 첫해에 피그아이언이 용광로 개선에 8,000만 달러를 지출하지 않으면 더 효율적인 경쟁자들에게 사업을 빼앗긴다. 돈을 벌기 위해서 돈을 써야 하는 회사는 성공하기 힘들다.

'필립모리스Philip Morris'에는 이런 문제가 없으며 '펩보이즈Pepboys'나 '맥도날드' 역시 이런 문제가 없다. 바로 이런 이유 때문에 나는 자본적 지출에 매달리지 않아도 되는 회사를 좋아한다. 이런 회사는 자금 지출을 줄이려고 발버둥 칠 필요가 없다. 그래서 필립모리스는 피그아이언보다 돈 벌기가 쉽다.

즉, 현금 흐름이라는 측면에서 볼 때 자본적 지출이 큰 제조업 중심 회사보다는 서비스 중심 회사나 플랫폼 기업 등이 주가상승에 더 유리하다는 것이다. 이 말에 백번 공감한다.

GROWTH STOCK PARADIGM

7장

성장주 밸류에이션

어떤 회사의 적정 주가를 구하는 방법에는 여러 가지가 있다. 가장 보편적으로 PER이나 PBR을 이용하는 방법이 있고, 기업의 인수합병에 많이 사용하는 EV/EBITDA를 이용하는 방법도 있다. 또는 다양한 사업별 가치를 평가해서 합산하는 방식의 'SOTP(Sum of the Parts)'도 있다. 다른 방법들과 달리 SOTP는 애널리스트의 주관적 견해가 많이 들어갈 수 있다는 측면에서 성장주 평가에 적합한 방식이라고 할 수 있다. 하지만 SOTP 방식을 사용하려면 해당 기업이나 산업에 대한 이해도가 충분히 높아야 하기 때문에 개인투자자들이 사용하기에는 적합하지 않다. 그러면 개인투자자들이 성장주의 밸류에이션을 할 때는 어떤 방법을 사용해야 할까?

33

성장주 밸류에이션 방법
EV/EBITDA vs. PER

| 증권사의 밸류에이션 |

한 제약사를 예로 들어 설명해 보겠다. 2023년 7월 11일 자 H증권 보고서에는 다음과 같은 말이 나온다.

A제약사에 대한 투자의견 Buy를 유지하며 목표주가를 4만 원으로 상향한다. 목표주가는 23년 EBITDA 1,059억 원에 Target Multiple인 중소형 제약사 평균 EV/EBITDA 9.4배를 적용해 산출했다.

H증권에서는 A제약사의 목표가를 산정하는 데 EV/EBITDA를 사용했다. 반면에 2023년 6월 6일 자 D증권보고서에서는 PER을 사용해

아래 표와 같은 방법으로 목표주가를 산정했다.

■ **D증권보고서의 A제약사 밸류에이션**

구분	내용	비고
2023(E) EPS(원)	2,736	
Target PER	12.3	제약사 평균 12MF PER
적정주가(원)	33,729	
적정주가(원)	34,000	위 금액을 반올림한 것

출처: 다올투자증권.

이 두 회사는 각각 EV/EBITDA와 PER을 사용해서 목표주가를 산정했음을 알 수 있다. EV/EBITDA와 PER이 무엇일까? 이 두 지표에 대해 알아보자.

| EV/EBITDA의 유래 |

우선 EV와 EBITDA에 익숙하지 않은 투자자가 많을 것이다. 이런 투자자를 위해 이 두 지표의 개념을 간단히 설명해 보겠다.

앞서 3장에서 미국의 TCI라는 케이블TV 회사의 경영전략에 대해 이야기했다. TCI는 경쟁력 강화를 위해 확장정책을 펼쳤다. 그 당시 월스트리트의 투자자들은 기업을 주당순이익으로 평가했다. 주당순이익이 뛰어나면 좋은 기업, 주당순이익이 형편없으면 나쁜 기업이었다. 그걸로 끝이었고 다른 평가는 없었다.

TCI의 최고경영자인 존 말론이 보기에 이런 평가방법은 가치평가의 핵심에서 벗어난 것이었다. 그가 보기에 케이블TV 사업에서 가치창출의 핵심은 '금융차입금'과 '공급자, 특히 콘텐츠 제작사들에 미치는 영향력'이었다. 그래서 그는 차입금을 늘려가면서 중소형 케이블TV 회사들을 계속 인수했고, 규모를 키워 콘텐츠 제작사들에 미치는 영향력을 확대해 나갔다. 하지만 TCI의 경쟁사들은 그렇게 하지 않았다. 그들은 당시 절대적인 지표로 여겼던 주당순이익을 훼손하지 않으려고 현상유지에 만족하는 경영을 고집했다.

요즘 주식투자자들은 성장이 정체된 경쟁사에 투자하기보다는, 성장성이 뛰어난 TCI에 투자해야 한다는 사실을 잘 알고 있다. 하지만 이들이 이 사실을 처음부터 알았던 것은 아니다. 과거에는 TCI보다는 경쟁사에 투자해야 한다는 것이 상식이었다. 왜냐하면 그 당시에는 주당순이익을 근거로 기업을 평가했는데, 경쟁사의 주당순이익이 TCI보다 더 높았기 때문이다. 그래서 대부분의 투자자가 TCI는 거들떠보지도 않고 경쟁사 주식만 사들였다.

그런데 몇 년 후에 보니 TCI는 회사의 내용이 굉장히 좋아졌고, 현금흐름도 원활해지면서 주가가 많이 올랐다. 반대로 경쟁사들은 현금흐름이 훼손되면서 주가도 떨어졌다. 이에 주식투자자들은 다음과 같은 의문을 제기했다.

"뭐가 잘못된 것일까? 경쟁사의 주당순이익이나 재무제표가 모두 TCI보다 더 좋았는데, 지금은 왜 TCI가 더 좋아지고 주가도 더 오르는 것일까?"

그제야 주식투자자들은 주당순이익만으로는 주가를 설명할 수 없다는 것을 알게 되었고, 그래서 새로이 도입한 지표가 EBITDA라는 개념이었다. 투자자들에게 EBITDA의 중요성을 일깨워준 회사가 바로 TCI다.

| EBITDA란? |

그러면 EBITDA란 무엇일까? EBITDA는 Earning Before Interest, Taxes, Depreciation and Amortization의 약자다. 즉, 세금과 감가상각비, 무형자산상각비를 공제하기 이전의 이익을 말한다. 다시 말하면 영업이익에 감가상각비와 무형자산상각비를 더한 것이다.

감가상각비나 무형자산상각비는 실제로 현금이 나가는 것이 아니고, 장부상에만 반영한다. 따라서 EBITDA는 사업을 통해 회사로 유입된 현금의 규모를 말한다. 앞의 H증권보고서에서 A제약사의 2023년 EBITDA가 1,059억 원이라고 했는데, 이는 2023년에 회사로 유입된 현금이 1,059억 원이라는 의미로 해석하면 된다.

| EV란? |

그러면 EV는 무엇일까? EV는 Enterprise Value의 약자다. 기업의 가치를 말할 때, 우리는 시가총액이 얼마라는 말을 많이 쓴다. 시가총액은 주가에 주식 수를 곱한 값이다. 하지만 시가총액은 회사가 보유한 현금성 자산이나 부채 등을 제대로 반영하지 못한다는 문제가 있다. 이를 보완하기 위해 쓰는 개념이 EV다.

예를 들어, 누군가가 회사를 인수하려고 한다. A라는 회사와 B라는 회사가 인수대상이다. 이 두 회사의 시가총액은 1조 원으로 같다. 이때 A회사의 경우 부채가 1,000억 원이고 현금은 없다고 가정해 보자. 그러면 회사를 인수한 사람이 부채를 갚아야 하므로 실제 인수가격은 1조 1,000억 원이 된다.

반대로 B회사의 경우 부채는 없고 현금이 1,000억 원이 있다고 가정해 보자. 그러면 이 회사를 인수한 사람은 곧바로 현금 1,000억 원을 사용할 수 있으므로 실제 인수가격은 9,000억 원이 된다. 이것이 EV의 개념이다. EV는 시가총액에 총 부채를 더한 후 현금성 자산을 뺀 것이다.

A회사의 EV = 1조 원(시가총액) + 1,000억 원(부채) = 1조 1,000억 원

B회사의 EV = 1조 원(시가총액) − 1,000억 원(현금) = 9,000억 원

| EV/EBITDA란? |

EV를 EBITDA로 나눈 EV/EBITDA는 기업의 가치를 해당 연도 사업의 결과에 의해 회사에 유입되는 현금의 규모로 나눈 값이다. 만약 EV/

영업적자 해태아이스크림 가치 1400억, 어떻게 산출됐나

미래 영업현금흐름 전망치 반영…멀티플 12배 수준

노아름 기자 공개 2020-04-03 15:15:05   f 𝕏 🔴 G+ 🖶 − +

출처:the bell(2020.4.3).

EBITDA가 2라면, 이 회사를 인수했을 때 2년 만에 투자금을 전액 회수할 수 있다는 의미다. 그러므로 이 수치가 작을수록 회사는 저평가되었다고 할 수 있다.

2020년에 '빙그레'는 '해태제과'로부터 물적 분할한 '해태아이스크림'을 1,400억 원에 인수했다. 이와 관련해서 'the bell'이라는 매체에서는 빙그레가 어떻게 해태아이스크림의 가치를 1,400억 원으로 평가했는지에 대한 기사를 실었다. 기사에 따르면 빙그레는 향후 5년 뒤 해태아이스크림의 순차입금이 급격히 늘어나지 않는다는 가정하에, EV/EBITDA 약 12.7배를 주고 인수할 가치가 있다고 판단했다고 한다. 이 말은 빙그레가 12.7년이면 투입한 투자금을 회수할 수 있다는 뜻이다.

그런데 EBITDA에도 문제는 있다. EBITDA는 매출을 반영하지 않는다. 즉, 어떤 회사에 매출이 발생했는데 대금을 받지 못했다고 해도 EBITDA는 이를 반영하지 않기 때문에 매출대금을 제때에 회수하지 못하면 EBITDA를 사용할 수 없다. 이런 이유로 반드시 현금 흐름도 같이 봐야 한다.

그리고 EV/EBITDA는 재투자를 고려하지 않은 지표다. 예를 들면, EBITDA로 70억 원을 벌었는데 50억 원을 재투자해야 한다면 남는 돈은 20억 원이다. 이와 같이 회사의 특성상 매년 50억 원을 재투자해야 한다면 PER이 EV/EBITDA보다 더 설득력이 있다. 만약 이 기업의 PER이 10이라면, 매년 재투자하기 때문에 실제로는 10년이 지나야 투자금을 회수할 수 있다.

| PER |

주식투자자라면 PER에 대해서는 대부분 이해할 것이다. 그래서 PER의 정의나 산출 방법에 대해서는 따로 설명하지 않겠다.

PER은 주로 두 가지 용도로 사용된다. 첫 번째는 종목의 PER을 산업군의 PER과 비교하는 것이다. 앞에서 D증권이 A제약사의 목표가를 산정한 방법으로, 같은 제약군에 속한 종목들의 PER은 비슷해야 한다는 관점이다.

두 번째는 현재의 PER을 과거의 역사적 구간과 비교하는 것이다. 예를 들어, A라는 종목의 과거 5년간 평균 PER이 10배였다면 지금도 10배가 아닐 이유가 없다. 그런데 만약 현재 PER이 20배라면 A종목은 고평가되었다고 평가한다. 하지만 이 논리가 옳다면 시장의 주도주는 모두 다 고평가되어 있기 때문에 주가가 조만간 떨어져야 한다는 논리가 성립한다. 왜냐하면 통상 주도주의 PER은 같은 산업군에 속한 다른 기업들에 비해서도 높고, 과거에 비해서도 높기 때문이다.

PER은 성장성을 반영하지 못하므로, 이런 밸류에이션 방법은 성장주에는 적합하지 않다. 성장주는 그야말로 미래의 실적이 기대되는 종목이다. 따라서 성장주의 주가를 결정하는 가장 중요한 요인은 "미래에 매출이나 영업이익이 얼마나 증가할 것인가"다.

앞서 4장에서 성장주의 주가상승 공식을 설명했다. 성장주는 1단계로 회사의 매출과 이익이 늘어나면서 주가가 상승한다. 매출과 이익이 증가하면 투자자들은 회사의 성장성을 감안해서 높은 PER 배수를 인정해 준다. 그래서 PER이 올라가면서 2단계로 주가가 상승한다. 예를 들면, 어떤 회사의 이익이 10배 늘어나면 투자자들은 이 회사의 성장성을 높게 평가해서 적용 PER을 10배 높여준다. 이익의 증가 때문에 주가 10배 뛰고, PER이 10배 상승하면서 주가가 또 10배 뛴다. 그래서 이 주식은 총 100배가 오른다.

이 말은 곧 가장 강력한 주가 상승은 이익의 증가와 함께 PER이 확대될 때 나타난다는 것을 의미한다. 이 시기에 주가가 급등하면 PER이 예상보다 훨씬 높은 수준에 도달할 때까지 멈추지 않는 경우가 많다. 예를 들어, 2000년 IT 버블의 주도주였던 야후의 PER은 무려 1,700배까지 상승했다. 이런 관점에서 본다면 PER이 확대될 때는 오히려 주식을 담을 때지 버릴 때가 아니다. PER이 높다고 주식을 투자리스트에서 제외한다면 대박의 기회를 놓칠 가능성이 크다는 점을 알아야 한다.

34

증권사 밸류에이션의 문제점

| 증권사마다 다른 적정 주가 |

이제 EV/EBITDA에 대해 이해했으니 다시 H증권의 보고서로 돌아가자. H증권은 A제약사가 중소형 제약사이기 때문에 중소형 제약사들의 평균 EV/EBITDA인 9.4배를 적용해서 A제약사의 목표가를 4만 원으로 제시했다.

D증권의 목표가 계산도 비슷했다. D증권에서는 제약사 평균 PER이 12.3인데, A제약사도 제약사이니 같은 PER을 적용해서 A제약사의 목표가를 34,000원으로 제시했다.

| 점유율이 일정한 아이스크림 회사의 목표가 |

다음의 경우를 생각해 보자. A와 B, C라는 3개의 아이스크림 회사가 있다고 하자. 시장점유율은 A회사와 B회사가 각각 40%이고, C회사가 20%로 매년 거의 일정하다. 작년에도 비슷했고, 올해도 비슷하고, 큰 변수만 없으면 내년에도 비슷할 것으로 예상된다. 이럴 때는 EV/EBITDA를 사용해서 목표주가를 계산하는 것도 좋은 방법이다. 즉, A회사의 EV/EBITDA가 10배라면 B 회사도 10배가 되는 것이 합리적이다. 만약 A회사의 EV/EBITDA가 10배인데 B회사의 EV/EBITDA가 5배라면, B회사의 주가는 A회사의 주가에 비해 상대적으로 저평가되어 있어서 앞으로 상승할 가능성이 크다.

PER도 마찬가지다. 만약 A회사의 PER이 10배라면 B회사의 PER도 10배가 되는 것이 합리적이다. 만약 A회사의 PER이 10배인데 B회사의 PER이 5배라면, B회사의 주가는 A회사의 주가에 비해 상대적으로 저평가되어 있기 때문에 주가가 상승할 가능성이 크다고 할 수 있다.

| 아이스크림 회사별로 성장률이 다르다면? |

다음과 같은 경우를 생각해 보자. A와 B, C라는 3개의 아이스크림 회사가 있다. 시장점유율은 A회사와 B회사가 각각 40%이고, C회사가 20%다. 여기까지는 앞의 상황과 동일하다. 그런데 이번에 A회사가 메가 히트 상품을 하나 출시했다. 이에 따라 내년뿐 아니라 그 이후로도 아이스크림 시장점유율에 큰 변화가 생길 것으로 보인다. 즉, A회사의 시장점유율이 향후 수년에 걸쳐 꾸준히 증가할 것으로 예상된다. 그런데 A회사의 EV/EBITDA가 10배이고, B회사의 EV/EBITDA가 5배라면, B회사의 주가는 A회사에 비해 저평가된 것일까? 당연히 그렇지 않다. 왜냐하면 회사별로 성장성이 다르기 때문이다.

해가 갈수록 A회사의 EBITDA가 크게 늘어날 수밖에 없다. 그렇다면 같은 EV/EBITDA를 유지하기 위해 EV가 늘어날 것이고, 이는 시가총액이 커진다는 의미이므로 주가가 상승한다고 볼 수 있다.

PER도 마찬가지다. PER은 간단하게 '시가총액/당기순이익'으로 계산할 수 있다. 향후 시장점유율이 증가한다는 얘기는 당기순이익이 증가한다는 의미다. 그러므로 같은 PER을 유지하려면 시가총액 역시 증가해야 한다. 그런데 통상 이익의 증가는 주가에 미리 반영되는 경우가 많다. 그래서 EV/EBITDA와 PER이 증가한다.

결론적으로, 성장성에 큰 차이가 나는 경우에는 같은 산업군의 EV/EBITDA나 PER과 비교해서 목표주가를 산정하면 안 된다.

| 증권사가 예측한 성장률은? |

A제약사의 목표가도 마찬가지다. 같은 산업군에 속했다는 이유만으로 다른 중형 제약사와 EV/EBITDA나 PER을 획일적으로 비교하는

것은 좋은 방법이 아니다. 이 방법을 사용하기 위해서는 A제약사의 성장성과 다른 중소형 제약회사의 성장성을 먼저 비교해야 한다.

그렇다면 증권사가 예측한 A제약사의 성장률은 어느 정도일까? H증권에서는 2022년 이후 2년간 A제약사의 영업이익이 107% 증가할 것으로 예상했다. 연간 44% 정도 성장한다는 뜻이다. 또, D증권에서는 2023년에만 영업이익이 30% 증가할 것으로 예상했다. 두 증권사 모두 A제약사가 다른 중소 제약사에 비해 매우 고성장을 할 것으로 예상했다. 그렇다면 EV/EBITDA나 PER을 단순히 비교하기보다는 A제약사의 성장성을 충분히 반영할 수 있는 다른 밸류에이션 방법을 사용해야 한다.

35

성장주와 SOTP 방식
그리고 피터 린치의 방법

| SOTP 밸류에이션 |

SOTP는 'Sum of the Parts'의 약자로서, 기업에 다양한 사업부문이 있는 경우 각 부문별 밸류에이션을 산출한 후 전부 합하는 방식을 말한다. 예를 들면, NAVER에는 서치 플랫폼, 핀테크, 이커머스, 콘텐츠, 클라우드 등 여러 부문이 있는데, SOTP 방식은 이런 회사의 밸류에이션을 산출할 때 적합하다.

SOTP는 애널리스트의 주관적 견해가 많이 반영될 여지가 있어 성장주 평가에 적합한 방식이다. 각 부문별 밸류에이션을 산출하려면 해당 기업이나 해당 분야에 대한 폭넓은 지식이 있어야 한다는 점을 감안하면, 일반 투자자보다는 애널리스트에게 적합한 방식이라고 할 수 있다.

| 기업의 '성장성' 반영하는 피터 린치의 밸류에이션 |

피터 린치는 공정하게 평가한 회사의 PER은 회사의 이익성장률과 같다고 했다. 만약 어떤 회사의 PER이 15배라면, 이 회사는 연 15% 성장할 것으로 기대된다는 뜻이다. 그러니까 PER이 성장률보다 낮다면 그 주식은 저평가된 것이다. 만약 연평균 성장률이 12%인 회사의 PER이 6배에 불과하다면, 이 주식은 저평가되었으므로 아주 매력적이다. 반면에 성장률이 연 6%인 회사의 PER이 12배라면 이 주식은 매력이 없다고 할 수 있다. 일반적으로 PER이 성장률의 50%라면 매우 유망하며, PER이 성장률의 2배라면 매우 불리하다고 하면서 그는 펀드에 편입할 종목을 분석할 때 항상 이 기준을 사용한다고 말했다.

나는 피터 린치의 방법이 개인투자자들이 성장주의 밸류에이션을 구하는 가장 적합한 방법이라고 생각한다. 어떤 기업의 성장성을 제대로 반영하기 때문이다. 그러므로 A제약사의 경우에도 통상적인 EV/EBITDA나 PER을 이용해서 밸류에이션을 하는 증권사의 방법보다는 피터 린치의 방법이 더 적합하다는 의견이다.

하지만 이 방법에도 단점이 있다. 이미 무너져 내린 주도주를 매력적으로 보이게 할 우려가 있다는 점이다. 이런 점은 늘 염두에 둬야 한다.

36

'파두'의 밸류에이션

| 주가를 결정하는 것은 결국 성장성 |

파두가 상장하기 위해 제출한 증권신고서를 보면 비교기업으로 '브로드컴Broadcom', '마이크로칩 테크놀로지' 그리고 '맥스리니어Maxlinear' 등 3개 기업을 선택했다.

■ 비교기업의 PER 산정

구분	브로드컴	마이크로칩 테크놀로지	맥스리니어
적용순이익	$13,668M	$2,238M	$101M
주당순이익	$32.75	$4.07	$1.26
PER	24.70	19.64	23.18
적용 평균 PER = 22.51배			

출처: '파두' 증권신고서.

이들 3개 기업의 최근 12개월 실적 기준 평균 PER은 22.51배다. 파두의 2024년과 2025년의 예상실적은 아래 표와 같다.

■ **파두의 예상실적**

구분	2023년	2024년	2025년
매출액(원)	1,200억	3,715억	6,195억
증가율	113%	208%	67%
순이익(원)	16억	948억	1,900억
증가율	흑자전환	5,825%	100%

출처: '파두' 증권신고서.

이를 기반으로 연할인율 20%를 적용한 후 2024년과 2025년 추정 당기순이익의 현재 가치 산술평균을 구하고, 비교기업의 PER인 22.51배를 적용하면 파두의 주당 평가가액은 40,904원이다.

여기에 평가액 대비 할인율 24.20%를 적용하면 공모가인 주당 3만 1,000원이 산출된다.

이를 두고서 많은 주식 전문가가 비판하는 부분은 파두가 브로드컴이나 마이크로칩과 같은 세계 굴지의 기업들과 비교해서 공모가를 산출했다는 점이다. 파두는 이제 막 스타트업을 벗어난 수준인데 이런 유수한 기업들과 비교하는 것은 옳지 않다는 관점이다.

하지만 내 생각은 반대다. 주가를 결정하는 가장 중요한 요소는 성장성이다. 마이크로칩과 같은 회사의 성장률은 그다지 높지 않다. 반면에 파두는 이제 막 성장을 시작한 회사여서 매출증가율과 성장률이

■ PER에 의한 파두의 평가가치

구분	산출내역
2024년 추정 당기순이익(원)	94,820백만
연할인율	20%
2024년 추정 당기순이익의 현재가치(원)	68,918백만
2025년 추정 당기순이익(원)	189,986백만
연할인율	20%
2025년 추정 당기순이익의 현재가치(원)	115,073백만
2024년 및 2025년 추정 당기순이익의 현재가치 산술평균(원)	91,995백만
적용 PER	22.51배
주당 평가금액	40,904원

출처: '파두' 증권신고서.

■ 파두의 공모가 산출내역

구분	내용
주당 평가가액	40,904원
평가액 대비 할인율	24.20~36.40%
희망공모가액 밴드	26,000~31,000원
확정 주당 공모가액	31,000원

출처: '파두' 증권신고서.

마이크로칩 같은 기업보다 훨씬 더 클 것이다. 왼쪽 페이지 상단의 표를 보면 매출액증가율과 순이익증가율이 엄청나게 높다. 그렇다면 비교기업들에 적용한 PER 배수보다 더 높은 배수를 파두에 적용해야 올바른 가치평가가 된다. 물론 회사에서 산출한 매출액이나 순이익을 달성한다는 전제가 있기는 하다(실적 발표를 보면, 회사에서 제시한 실적 달성이 최소 6개월 정도 지연될 전망이다). 그렇지만 진짜로 회사의 계획대로만 된다면, 파두는 높은 성장률 때문에 비교기업들보다 더 높은 PER 배수를 적용해야 한다.

PER은 주가상승의 가장 중요한 요소인 미래를 반영하지 않는다는 점을 기억해야 한다. 2025년 말쯤에는 파두의 주가가 어느 정도일지 그때 가서 복기해 보자.

GROWTH STOCK PARADIGM

GROWTH STOCK PARADIGM

8장

100배 성장 유망섹터

2019년 문 대통령과 만난 손정의 소프트뱅크 회장은 "앞으로 한국이 집중해야 할 것은 첫째도 AI, 둘째도 AI, 셋째도 AI"라는 유명한 말을 남겼다. 손정의 회장은 2023년 상반기에 AI 중심으로 사업 재편을 선언했다. 그는 "좋건 싫건 AI 혁명은 올 것이고, AI를 거부하면 어항 속 금붕어 신세가 될 것"이라며 "10년 안에 AI는 인류보다 10배는 똑똑해질 것이고, 소프트뱅크를 세계에서 AI를 가장 많이 활용하는 기업으로 만들겠다"라는 포부를 밝혔다. 그의 말처럼 본격적인 인공지능의 시대가 열리고 있다. 그리고 그 범위도 계속 확장되고 있다. 2020년대의 시대정신이 인공지능이라는 점을 기억하고, 인공지능 관련 산업에 주의를 기울여야 할 시기다.

37

AI 특화 반도체, NPU

| GPU는 AI에 적합할까? |

2012년 토론토대 AI 연구팀이 AI 기반 이미지넷 대회에서 '딥러닝 deep learning'을 적용했는데 여기에 엔비디아의 GPU가 사용되었다. 이 대회를 계기로 딥러닝과 GPU 사이의 강력한 시너지 효과가 널리 알려졌고, 엔비디아는 AI와 관련해 가장 중요하고 유명한 기술을 가진 회사로 부상했다. 그 결과 2012년부터 2020년 사이에 엔비디아의 주가는 무려 15배나 상승했다. 2023년에도 AI 바람이 불면서 엔비디아의 주가가 크게 상승했다는 건 다들 아는 사실이다.

그래픽 처리장치GPU는 원래 고해상도 그래픽을 렌더링할 때 필요한 계산을 강화할 목적으로 설계됐다. 1990년대부터 이렇게 특화된 컴퓨터 칩은 특히 고성능 비디오게임 콘솔에서 중요하게 쓰였다.

중앙처리장치CPU는 동시에 여러 개의 작업을 진행하지 못한다. 순차적으로 하나씩 처리하는 방식이다. 이것을 'CPU의 직렬성'이라고 한다. 하지만 그래픽 데이터를 처리하는 연산은 방대한 양의 작업을 동시에 수행해야 한다. 따라서 CPU에는 이런 연산이 적합하지 않다. 이와 같은 연산은 수천 개의 특화된 코어Core를 가진 GPU에 적합하다. GPU는 CPU와 달리 동시에 여러 가지 일을 처리할 수 있다. 이것을 'GPU의 병렬성'이라고 한다. CPU에 비해 코어 각각의 능력은 떨어지지만, GPU는 코어의 수가 훨씬 많기 때문에 방대한 양의 연산을 빠르게 처리할 수 있다.

예를 들면, 데스크톱용 CPU는 고차원 작업이 가능한 고성능 코어 4개에서 8개로 구성된다. 반면에 GPU는 중간 성능의 코어 5,000개에서 1만 개로 구성된다. 참고로, 코어는 칩이 가진 두뇌의 수를 말한다.

길거리를 청소한다고 가정하면 CPU는 4명의 고급 인력이라고 할 수 있고, GPU는 5,000명의 보통 사람이라고 할 수 있다. 길거리 청소에 4명의 고급 인력을 투입하는 것보다는 5,000명의 보통 사람을 동시에 투입하는 것이 더 효율적이다. 그래서 AI에는 GPU가 CPU보다 적합하다.

어쨌든 연구자들은 AI 딥러닝 응용프로그램에 필요한 계산과 그래픽 렌더링이 거의 비슷하다는 사실을 발견했고, AI 딥러닝용으로 일제히 GPU를 사용하기 시작했다. 그 결과 GPU는 AI용 하드웨어 플랫폼으로 빠르게 진화했다.

AI는 많은 데이터를 활용한 연산을 통해 의미 있는 트렌드를 찾아가는 과정이다. 그렇기 때문에 CPU의 직렬성을 활용할 때보다 GPU의 병렬성을 활용할 때 결과를 더 빠르게 도출할 수 있다.

| AP란 무엇인가? |

앞에서 나온 CPU는 컴퓨터의 두뇌 역할을 한다. 핸드폰에서 두뇌 역할을 하는 것이 바로 AP Application Processor다.

아래 사진과 같이 컴퓨터의 메인보드인 초록색 기판 위에는 CPU와 GPU, RAM, ROM, 입출력장치 등 여러 필요한 장치들이 장착되어 있다. 그런데 크기가 한정된 핸드폰에는 이런 메인보드를 넣을 수 없기 때문에 필요한 장치를 모두 모아서 하나의 반도체 칩에 넣는다. 이렇게 만들어진 것이 AP다. 노트북 컴퓨터에는 메인보드가 들어가지만, 핸드

■ 메인보드

폰에는 AP가 들어간다.

최근 AP에 AI 기능이 추가되면서 새로운 시대로 접어들고 있다. AP 기능이 고도화되더라도 항상 염두에 둬야 할 것은 전력 소모다. 전기를 많이 사용하면 배터리가 빨리 방전되어 곤란하다. 그래서 AP 제조사들은 반도체 소자 단위에서부터 낮은 전압으로 동작하도록 설계하고, 소비 전력을 줄이기 위해 미세 공정을 진행하는 등 다양한 노력을 기울이고 있다.

| NPU란 무엇인가? |

NPU는 AI에 특화된 반도체다. 앞에서 말한 대로 GPU의 병렬성은 데이터를 효율적으로 처리하는 데 적합하지만, 여러 가지로 비효율적인 면이 많다. GPU로는 AI에 필요한 단순 연산까지만 가능하다. 결과물을 분석하기 위해서는 별도의 소프트웨어가 필요하다. 또한 '아키텍처'라는, AI 연산에 필요한 고속 데이터 전송 구조가 없어서 속도가 느리다. 그리고 GPU에는 그래픽 처리를 위한 여러 기능이 포함되어 있는데, AI 연산에는 이런 것들이 필요 없다.

그래서 AI 알고리즘을 처음부터 탑재하고, 대규모 병렬 연산을 한 후 데이터를 고속으로 전송하는 구조까지 갖춘 NPU를 새롭게 개발하고 있다. NPU는 GPU의 대규모 병렬 연산 능력과 더불어 AI 알고리즘을 가지고 있어서 AI 연산의 수행부터 결과물의 분석까지 빠르게 수행

성장주 패러다임

한다. GPU의 불필요한 그래픽 처리 관련 기능을 제거해 가격 면에서
도 충분히 이점이 있으며 소비전력 역시 크게 줄였다. 이렇게 AI 연산
에 최적화된 NPU가 AP에 탑재되었다.

| NPU에 주목해야 하는 이유 |

■ **AI 반도체 시장규모**   (단위: 억 달러)

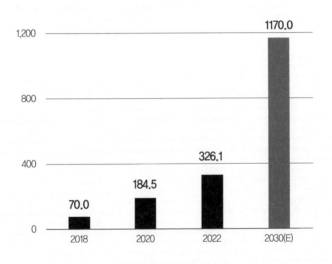

출처: Gartner.

'챗GPT'를 필두로 한 생성형 AI의 출현은 AI 서비스의 본격적인 상
용화를 촉발하면서 전 산업을 개편해 나갈 것이고, AI의 학습과 추론에
필요한 AI 반도체의 수요 증가는 필연적이다. AI 반도체 시장은 2022

년부터 2030년까지 연평균 17.3% 성장해 150조 원 규모가 될 것이다. 현재는 엔비디아가 AI 반도체를 사실상 독점하고 있지만 앞으로는 이 시장에 커다란 격변이 일어날 것으로 예상되며, 그 중심에 NPU 업체들이 있다. NPU가 격변을 일으킬 것이라는 근거는 다음과 같다.

첫째, 아키텍처와 알고리즘을 최적화한 차세대 AI 반도체가 떠오르고 있다.

둘째, 더 빠르고 많은 연산처리가 요구되면서 범용성은 좋지만 연산 능력과 전력효율이 떨어지는 GPU의 경제성 문제가 대두되고 있다.

참고로, 최근에는 GPU가 인공지능에 특화된 NPU만의 특성을 점차 포함하는 추세다. 그래서 GPU가 NPU에 가까워지고 있다. 마찬가지로 NPU 또한 GPU에 가까워지고 있다. GPU의 가장 큰 장점은 그동안 쌓아 올린 에코시스템이다. 에코시스템은 GPU를 중심으로 형성된 하드웨어, 소프트웨어, 서비스의 집합체다. 이러한 에코시스템에서 NPU가 작동하지 않는다면 사용자는 아주 한정적일 것이다. 그렇기 때문에 NPU도 GPU 시스템에서 작동하는 것이 중요하다.

| 뉴로모픽 반도체 |

AI 반도체 세대는 다음과 같이 구분된다. CPU와 GPU는 1세대 AI 반도체에, NPU는 2세대 AI 반도체에 속한다. 그리고 3세대 AI 반도체가 '뉴로모픽Neuromorphic 반도체'다. GPU를 사용할 경우 많은 양의 전기가 필요한데, 이런 방식은 현재 시스템에서는 지속 가능하지 않다. 따라서 GPU를 이용한 AI 시스템을 계속 확장해 나가는 것은 불가능하다. NPU는 GPU보다 전기를 덜 사용하지만 이것만으로는 부족하다. AI가 지속 가능하게 작동하기 위해서는 전기 사용량을 반드시 줄여야 하는데, 이에 대한 해결책으로 등장한 것이 뉴로모픽 반도체다.

사람의 뇌는 어떤 컴퓨터보다도 성능이 뛰어나지만, 백열등 하나가 소비하는 전력보다 적은 양인 20W 정도를 소비한다. 이러한 뇌신경망에서 직접 영감을 받아 설계된 것이 뉴로모픽 반도체다. 그래서 소비전력량이 현저히 낮다.

뇌 속의 신경망을 모방해서 데이터의 기억과 연산을 동시에 진행하기 때문에 기존 칩으로는 어려웠던 일들을 처리할 수 있다. 예를 들어, 사람마다 다른 필체, 목소리, 생김새 등과 같이 정형화되지 않은 글자, 음성, 이미지를 훨씬 잘 처리할 수 있다.

현재 뉴로모픽 연구에 많이 투자하는 기업은 IBM과 인텔이다. 예를 들어 인텔이 실험적으로 내놓은 로이히Loihi 칩은 13만 개의 하드웨어 뉴런을 구현하는데, 각 뉴런은 수천 개의 다른 뉴런에 연결이 가능하다. 이 로이히 칩은 일부 응용프로그램에서 기존 칩보다 에너지 효율이 1만 배까지 높다.

인텔은 2020년 3월 로이히 칩 768개를 사용한 시스템을 개발했다. 이 시스템은 약 1억 개의 하드웨어 뉴런을 포함하는데, 작은 포유류의 뇌와 거의 비슷한 수준이라고 한다.

이렇게 로이히 같은 칩이 개발되어 상업 생산이 가능해지면 핸드폰이나 다른 모바일 기기는 물론이고, 전력 효율을 우선시하는 응용프로그램에 빠르게 사용될 것이다.

리서치 회사인 '가트너Gartner'는 "뉴로모픽 설계는 2025년까지 AI용 주요 하드웨어 플랫폼으로 자리 잡고 GPU 대부분을 대체할 것으로 전망된다"라고 했다.

뉴로모픽이 당장 현실화될 가능성은 적지만, 뉴모로픽이라는 단어를 잘 기억해 두자. 그리고 어느 기업이 뉴로모픽을 개발했다는 소식을 접한다면 그 회사에 관심을 가져야 한다.

| 어떤 업체들이 있을까? |

우리나라에는 NPU 관련 유망한 스타트업이 많다. '리벨리온', '퓨리오사AI', '사피온' 등이 대표적이다. 이들은 모두 AI 반도체 설계에 특화된 팹리스 기업들이다.

한 언론매체에 의하면 리벨리온이 개발한 데이터센터용 AI 반도체 '아톰'은 엔비디아나 퀄컴의 AI 반도체보다 성능이 뛰어나다. 아톰은 최고 권위의 AI 반도체 성능 테스트 대회인 '엠엘퍼프MLPerf'에서도 엔비디아와 퀄컴 제품보다 높은 평가를 받았다. 그리고 언어 모델 분야에서 처리 속도가 엔비디아나 퀄컴의 제품보다 최고 2배 빨랐고, 이미지를 분석하는 비전 분야 처리 속도에서는 최고 3.4배나 빨랐다.

퓨리오사AI가 생산하는 AI 반도체는 이미 삼성전자 파운드리를 통해 생산에 돌입한 상태이고, 사피온은 SK그룹이 설립한 AI 반도체 기업이다.

이 업체들은 현재 IPO 절차를 밟고 있거나 조만간 IPO 절차를 진행할 예정이다.

38

천재들이 이끄는
우주항공산업

| 거인의 어깨에 올라타라 |

우주항공산업과 관련해서 내 생각을 한 마디로 요약하면 "거인의 어깨에 올라타라!"라는 것이다. 여기서 거인은 일론 머스크를 말한다. 즉, "일론 머스크의 어깨에 올라타라!"라는 말이다.

일론 머스크는 우리 시대의 천재다. 시대를 이끄는 천재를 추종하는 건 우리 같은 평범한 사람들에게는 아주 좋은 투자방법이다. 빌 게이츠Bill Gates를 추종해서 마이크로소프트에 투자해도 좋았을 것이고, 스티브 잡스Steve Jobs를 추종해서 애플에 투자해도 좋았을 것이다. 아니면 이건희 회장을 추종해서 삼성전자에 투자해도 좋았을 것이고, 사토시 나카모토를 추종해서 비트코인에 투자해도 좋았을 것이다.

마찬가지로 일론 머스크를 추종해서 그의 세계에 투자하는 것은 2020년대를 살아가는 우리에게 좋은 투자방법이다. 머스크의 세계에는 전기차와 로봇이 있고, '오픈AIOpenAI'가 있으며, 스페이스X가 있다. 테슬라의 전기차는 지난 3년간 글로벌 주식시장을 뜨겁게 달군 주도주였고, 로봇과 챗GPT로 촉발된 AI는 2023년에 가장 주목받은 테마였다. 참고로 머스크는 챗GPT를 만든 오픈AI의 창립멤버 중 한 명이다.

이제 머스크의 비전 중에서 마지막으로 하나 남은 것은 스페이스X로 대표되는 우주항공산업이다. 나는 우주항공산업이 조만간 주식시장의 주도섹터로 부상할 가능성이 크다고 생각한다. 왜냐하면 이제 곧 가시적인 성과가 속속 나오기 시작할 것이기 때문이다.

우주여행은 더 이상 영화 속의 공상과학이 아니다. 이미 현실에 가까이 다가와 있다. 제프 베이조스가 설립한 우주항공 관련 기업인 '블루 오리진Blue Origin' 홈페이지에서는 우주여행 상품의 예약도 받고 있다. '버진 캘럭틱Virgin Galatic'은 우주여행 예약금까지 받고 있는데, 이미 수백 명이 보증금을 지불한 것으로 알려졌다.

| 스페이스X |

2022년에 흥미로운 기사가 하나 보도되었다. 인기 아이돌그룹 '빅뱅'의 멤버였던 '탑(본명 최승현)'이 2023년에 스페이스X 우주선을 타고 달나라 여행을 떠나는 일본인 억만장자 마에자와 유사쿠Maezawa Yusaku의

동승자 명단에 포함되었다는 내용이었다. 마에자와는 지난 2018년에 스페이스X의 조종석을 제외한 모든 좌석을 전부 사들인 뒤 추후 경쟁 방식을 통해 탑승자를 선정했는데, 그중 한 명이 탑이었다.

스페이스X가 제공하는 이 프로그램의 취지는 평범한 일반인도 달나라에 갈 수 있도록 하는 것인데, 달 여행에는 약 일주일 정도가 걸린다. 달에 직접 착륙하지는 않지만 우주선이 달과 가장 가까워지는 지점에 도달한 후 우주선 내부에서 달을 구경하는 프로그램이다.

한편, 스페이스X의 최종 목적지는 달이 아니라 화성이다. 화성에 가는 구체적인 시기를 발표하지는 않았기에 먼 훗날 가능한 일이겠지만, 어쨌든 머스크는 화성을 목적지로 하는 원대한 계획을 가지고 있다. 스페이스X 측은 우주선을 타고 화성까지 가는 데 약 6개월 정도가 소요될 것으로 예상하고 있다. 다시 지구로 돌아올 때는 화성에 있는 물과 이산화탄소를 이용해 연료 에너지를 만들어서 회귀할 계획이다. 스페이스X가 생각하는 우주여행은 생각만큼 멀지 않다. 2023년에는 달나라 여행이 이루어지지 않았지만, 아마도 2024년쯤에는 이 프로그램이 본격적으로 가동되리라 기대해본다.

| 블루 오리진 |

블루 오리진은 아마존 설립자인 제프 베이조스가 2000년에 설립한 우주항공 관련 기업이다. 현재 블루 오리진은 지구 대기 끝으로 불리는

'카르만 선'까지 다녀오는 우주여행을 추진 중이다. 카르만 선까지 올라가면 공상과학 영화의 한 장면처럼 우주에서 푸른색의 지구를 관찰할 수 있다. 블루 오리진은 이미 열 차례가 넘는 시험 비행에 성공한 만큼 기술은 완성된 상태다. 2019년부터 우주여행 티켓을 2억 4,000만~3억 6,000만 원에 판매하고 있다.

스페이스X의 궁극적인 목적지가 화성이라면 블루 오리진의 궁극적인 목적지는 달이다. 스페이스X가 달에 착륙하지는 않고 우주선 안에서 달을 구경하는 달 여행 패키지를 제공한다면, 블루 오리진은 달에 착륙한 후 며칠 동안 달에서 지내는 프로그램을 기획하고 있다. 일명 'Back to the Moon to stay' 프로젝트다.

달을 눈으로만 보는 것이 아니라 직접 발자국을 남기고 싶다면 블루 오리진 쪽을 기대해 볼 수 있다. 제프 베이조스는 2020년에 본인의

■ 블루 오리진의 우주여행 예약 화면

출처: 블루 오리진 홈페이지.

SNS를 통해 2024년에 최초의 여성 우주인을 달 표면에 데려갈 것이라는 메시지를 남겼다.

| 버진 갤럭틱 |

버진 갤럭틱은 버진 항공의 계열사다. 버진 갤럭틱의 목적지는 블루 오리진과 마찬가지로 지구 대기 끝이다. 승객들이 대기 끝까지 올라간 후 지구를 내려다보는 우주여행 상품을 운영하고 있다.

이 상품의 특징은 발사 공간이 지상이 아니라는 점이다. 버진 갤럭틱은 대형 수송기에 스페이스쉽2를 실어 고도 15km까지 올라간 후 발사한다. 하늘에서 우주로 우주비행선을 쏘는 만큼 색다른 경험을 할 수 있다. 2023년 8월 10일에 두 번째 우주여행 '갤럭틱 02'를 성공적으로 마쳤다. 가격은 1인당 약 3억 원 수준이다.

우주여행이 현실이 될 날이 머지않다. 우주여행이 현실화되면 우주여행에 대한 관심이 커질 것이고, 이와 관련한 종목들이 부상할 것을 예상할 수 있다.

| 6G 수혜주는 우주산업 관련 주 |

내가 미국에서 공부하던 시절의 이야기다. 나는 1988년에 미국에서 살고 있었는데, 크리스마스 때 짬을 내서 애리조나주에 있는 그랜드 캐니언Grand Canyon으로 여행을 갔다. 내가 살던 곳은 오하이오주의 콜럼버스였다. 나는 비행기를 타고 유타주의 솔트 레이크 시티Salt Lake City로 간 후, 그곳에서 친구와 함께 운전해서 그랜드 캐니언으로 출발했다.

미국 서부지역에는 주유소가 띄엄띄엄 있어서 운전 중에 기름이 떨어지는 사건이 종종 발생한다는 말을 평소에 많이 들었기에, 휘발유를 담은 플라스틱 통을 여분으로 챙겼고, 추위에 대비해 담요도 챙겼다.

차를 운전하는 도중에 어느덧 밤이 되었다. 우리는 프리웨이를 빠져나와 지방도로로 들어갔다. 여기서 말하는 지방도로란 좁은 길이 아니라 프리웨이와 마찬가지로 넓은 고속도로였다. 혹시라도 기름이 떨어질까 봐 계기판 바늘이 절반 이하로 떨어지면 주유소가 나올 때마다 주유를 했다.

그날은 12월 23일이었다. 크리스마스가 가까워서 그런지 밤 10시가 넘자 모든 주유소가 문을 닫았다. 사막 한가운데에서 운전하는데 기름은 점점 떨어지고, 주유소는 문을 닫아서 주유를 할 수 없는 상황이었다. 밤이 깊어가면서 날씨까지 점점 더 추워져 절망적이었다. 기름을 아끼느라 히터도 끄고(사실 별 도움은 안 되지만) 추위에 덜덜 떨면서 운전했는데, 걱정하던 일이 끝내 발생했다. 계기판에 기름이 다 떨어져간다는 표시인 빨간색 불이 들어온 것이다.

거의 포기하려던 순간 저 멀리 주유소 간판이 보였다. '혹시 저 주유소도 문을 닫았으면 어쩌나!' 하고 걱정하면서 주유소에 들어갔지만 아니나 다를까 예상이 적중했다. 그때는 자정을 넘어선 시각이라 이미

12월 24일 크리스마스이브였다. 날씨가 너무 추워서 '이러다 얼어 죽는 것 아닌가!' 하는 생각이 불현듯 들었다. 주위를 살펴보니 주유소 벽에 공중전화가 있었다. 그래서 911에 전화했고, "지금 기름이 떨어져서 얼어 죽을 것 같다. 이리로 와서 좀 구해 달라"라고 SOS 요청을 했다. 하지만 경찰은 "지금 크리스마스이브라 바쁘니까 알아서 돌아와라!"라는 말을 남기고 전화를 일방적으로 끊어버렸다.

내가 처한 상황이 한심해서 멍하니 주위를 둘러보니 앞뒤로 보이는 건 도로뿐이었고, 트럭만 2~3분에 한 대씩 지나갔다. 옆을 돌아보면 끝없이 펼쳐진 사막만 눈에 들어왔고 생명체라고는 찾아볼 수 없었다. 굉장히 황당했다.

결국 더 이상 갈 수 없어서 주유소에 차를 세운 채 밤새 차 안에서 덜덜 떨며 기다렸더니 주유소 주인이 아침 7시에 출근했다. 그래서 겨우 휘발유를 가득 채운 후 히터를 빵빵하게 틀면서 그랜드 캐니언으로 갔던 경험이 있다.

이렇게 길게 내 경험을 늘어놓은 이유는 이런 지역에까지 통신망을 까는 것은 사실상 불가능하다는 이야기를 하고 싶어서다. 그런데 자동차의 자율주행이 가능하려면 국토 전체에 통신망이 깔려야 한다.

다음 두 그림은 각각 미국 이동통신사인 AT&T와 버라이즌Verizon의 5G 커버리지coverage를 표시한 것이다. AT&T는 5G 서비스가 되지 않는 지역이 상당하고, 버라이즌은 거의 안 된다고 봐야 할 것이다.

내 경험을 바탕으로 생각해 보면, 기존처럼 기지국을 세우는 방식으로 5G나 6G를 미국 전역에 제공하기는 현실적으로 불가능하다. 그

■ **AT&T(좌)와 버라이즌(우)의 5G 커버리지**

출처: T-mobile 홈페이지.

래서 국토가 넓거나 인구밀도가 낮은 국가들은 위성을 사용해서 5G나 6G를 서비스할 수밖에 없다.

저궤도 위성은 낮은 고도에서 공전하기 때문에 지연 속도가 짧다는 장점이 있지만, 반대로 커버하는 지역이 한정적이다. 또, 저궤도 위성이 지구 주위를 도는 데 90분밖에 걸리지 않기 때문에 사용자가 위성에 접촉하는 시간이 짧다. 그래서 위성을 바꿔가며 연속으로 서비스를 제공해야 하므로 위성이 수천 대 필요하다.

국내에서는 언제나 어디서나 초고속 인터넷을 저렴하게 이용할 수 있다. 하지만 해외에 나가 보면 꼭 그렇지는 않다는 것을 알 수 있다. 인터넷 속도나 접근성 때문에 답답했던 적이 한두 번이 아니다. 인터넷은 광케이블로 기지국과 기지국을 연결해서 서비스를 제공한다. 연결하기가 어려워서 현재 전 세계 가구의 40% 정도가 인터넷 서비스를 이용하지 못하고 있다. 더 나아가 비행기나 바다 위의 선박에서는 인터넷을 이용하기 어렵다.

하지만 저궤도 위성이 제공하는 인터넷 서비스를 이용하면 세계 어느 곳에서나 동일한 서비스를 제공받을 수 있다. 비행기나 여객선에서도, 사막이나 정글에서도 동일한 서비스를 제공받을 수 있다. 우주에서 전파를 쏘니까 하늘이든 바다든 산이든 관계없이 지구 전역에서 인터넷이 끊기는 지역이 없어진다. 비행기를 탈 때 핸드폰을 끌 필요도 없고 에이플레인 모드로 전환할 필요도 없다. 다른 나라에 갈 때도 로밍을 할 필요가 없다.

저궤도 위성의 효용성은 이미 오래전부터 알려졌지만 그동안 발사비용 등의 문제로 인해 현실화되지 못했다. 하지만 발사비용이 감소하고 4차 산업혁명 시대를 맞아 초연결이 중요해지면서 저궤도 위성은 본격적으로 성장을 시작했다. 이와 관련해서 모건 스탠리는 2040년에 1조 달러를 넘어설 것으로 예상되는 글로벌 우주경제의 50~70%가 위성 인터넷 서비스에서 나올 것으로 예측한 바 있다.

향후 자율주행이 가능하려면 연결성이 중요하다. 연결성이란 자동차와 자동차, 자동차와 사물의 연결을 의미하는 것으로 차량 간 통신, 교통관제, 차량 내 인포테인먼트 시스템을 포함한다. 자율주행에서는 대규모 데이터를 초고속으로 전송하고 처리하는 것이 필수적이다. 그렇기 때문에 연결이 끊어지면 안 되지만 현재 시스템으로는 한계가 있다. 그러므로 향후 5G나 6G의 통신섹터에 투자할 때는 기존 통신 관련 주보다는 우주산업 관련 주에 투자하는 것이 옳다고 본다.

39

본격적으로 열리는 인공지능 시대

| 계속 확장되는 AI 범위 |

내가 2022년 말부터 방송에 나갈 때마다 계속 되풀이했던 말이 있다. "인공지능과 로봇 관련 주는 2023년 내내 오르다 서다를 반복할 가능성이 크니까 1년 내내 관심을 가져야 한다"라는 것이었다. 특히 인공지능 관련 주는 2023년뿐만 아니라 2024년에도 계속 상승할 것으로 예상된다. 인공지능 관련 주도 AI를 본업(本業)으로 하는 기업으로 한정하는 것이 아니라, AI와 관련된 업을 하는 기업으로 그 범위가 점점 확장되고 있다.

예를 들면, '챗GPT'가 돌풍을 일으켰던 2023년 초반에는 순수 AI 기업 위주로 주가가 상승했다면, 그 이후에는 의료 AI, GPU까지 범위가 확대되었고, 또 고대역폭 메모리HBM까지 범위가 계속 확대되면서 'SK 하이닉스', '한미반도체', '이수페타시스' 등의 주식이 폭발적으로 상승했다. 이러한 현상은 2024년에도 계속될 가능성이 크다. 그래서 향후 어느 방향으로 인공지능 관련 주가 확산될 것인지에 여전히 관심을 가져야 한다. 인공지능은 단지 한 해 상승에 그칠 테마가 아니다. 왜냐하면 지금은 사회 전체가 인공지능 시대로 본격적으로 변모하는 변곡점에 접어들었기 때문이다.

| 데이터센터 |

전 세계에 데이터센터 설립 붐이 일면서 마치 19세기 미국 서부지역의 골드러시처럼 데이터센터 생태계에 투자러시가 일고 있다. '시너지 리서치 그룹Synergy Research Group'에 의하면, 데이터센터 설립에 몰리는 자본은 2022년 약 43조 원에서 2030년에는 약 66조 원으로 53% 증가할 것으로 전망된다. 특히 5G의 상용화와 코로나19의 발생 그리고 2022년에 등장한 생성형 AI를 계기로 디지털 전환이 가속화하면서 데이터센터의 수요가 급증하고 있다.

1940년대 초에 처음으로 등장한 데이터센터는 크게 대형 서버, 저장 장치, 네트워크 장비 등으로 구성되는데, 초창기에는 데이터를 자체 처리하기 위해 사내에 데이터센터를 설립했다. 하지만 데이터의 양이 급증하고 데이터 처리가 고도화하면서 데이터센터를 임대해 활용하는 클라우드 분야가 큰 폭으로 성장하고 있다.

OTT와 SNS의 보급과 확대 등에 따른 실시간 데이터 사용이 증가하는 것도 데이터센터의 설립을 부추기고 있다. 2022년만 해도 2제타바이트[1]에 불과하던 전 세계 디지털 데이터 처리량이 2023년에 처음으로 100제타바이트를 넘어섰고, 2025년에는 180제타바이트에 달할 것으로 예상된다. 2023년 데이터 처리량은 2020년에 비해 50배가 늘었고, 2025년에는 그로부터 80%가 늘어날 전망이다. 결국 AI의 폭발적 성장은 데이터센터 설립 러시로 이어지고 있다. 데이터센터의 성장성에 관심을 갖자.

| HBM 관련 |

HBM은 2023년 주도 섹터 중 하나였다. 2024년에도 투자자들은 여전히 HBM에 큰 관심을 가질 것이다. HBM은 High Bandwith Memory의 약자인데, 우리말로는 '고대역폭 메모리'다. 고성능 컴퓨터 시스템에 사용되는데, 특히 엔비디아의 고성능 GPU에 많이 쓰인다.

HBM은 더 넓은 대역폭을 제공한다. 대역폭이 넓으면 메모리와 GPU 간에 데이터를 빠르게 전송할 수 있어 고성능 컴퓨팅 작업에 유리하다. 메모리 반도체를 스택 형태로 쌓아 올리는 구조라서, 공간을 적

---

1 1제타바이트는 1조 1,000억 기가바이트다.

게 차지하면서도 높은 대역폭을 제공한다. 게다가 요즘은 전력소비가 굉장히 중요한 요소로 부각되고 있는데, HBM은 낮은 전력소비를 특징 으로 한다.

그러니 HBM을 만드는 회사는 물론이고, HBM과 관련된 장비를 개 발하는 회사 등 HBM 관련 주들이 투자자들로부터 지속적인 관심을 끌 가능성이 크다는 점을 염두에 둬야 한다.

GROWTH STOCK PARADIGM

GROWTH STOCK PARADIGM

9장

비트코인 대세상승의 시작

비트코인 현물 ETF의 승인이 임박했다. 어쩌면 독자들이 이 글을 읽을 때쯤이면 이미 비트코인 현물 ETF가 출시됐을지도 모르겠다. 이로써 조만간 비트코인은 금과 경쟁을 벌일 가능성이 크다. 금은 전통적인 가치저장 수단이었지만, 최근에 비트코인이 금의 대안으로 주목받고 있기 때문이다. 미국의 자산운용사인 피델리티는 「비트코인에 대한 이해, 역사에서 무엇을 배울 것인가?」라는 보고서에서 1970년대 금의 움직임과 비트코인의 움직임을 비교하고, 2021년의 비트코인은 1973년의 금에 해당한다고 언급했다. 금은 1979년까지 약 8배 가까이 상승했다. 만약 비트코인이 1970년대 금의 움직임을 따라간다면, 2027년에는 비트코인의 가격이 40만 달러에 이를 것으로 예상했다. 물론 단순한 예측에 불과하고 맞을지 틀릴지는 모른다. 그러나 터무니없는 주장은 아닌 것처럼 보인다.

40

100조 달러 지폐

| 화폐 가치의 상실 |

다음 페이지에 있는 사진의 지폐는 100조 달러짜리다. 100조 달러라고 하니까 '당연히 가짜 돈'으로 생각하는 사람들이 많지만, 이 지폐는 짐바브웨에서 발행한 진짜 화폐다.

짐바브웨 정부는 2008년 7월에 1,000억 달러짜리 지폐를 발행했다. 엄청나게 큰 단위였지만, 극심한 인플레이션 때문에 이 화폐는 불과 몇 주일 만에 사실상 휴지조각이 되었고, 2009년 1월에 짐바브웨 중앙은행은 다시 100조 달러짜리 지폐를 발행했다. 그러나 이 지폐는 그 당시 미국 달러로 환산하면 약 30달러의 가치에 불과했다. 이쯤 되자 어느 누구도 짐바브웨 화폐를 신뢰하지 않았다. 당시 짐바브웨는 연간

■ 100조 달러 지폐

출처: 국일증권경제연구소.

5,000%라는 유례없는 인플레이션을 겪고 있었다.

결국 짐바브웨 정부는 화폐개혁을 통해 정기적으로 0을 하나씩 지워나갔고, 2008년 말까지 총 13개의 0을 없앴다. 만약 13개의 0을 없애지 않았다면, 100조 달러짜리 지폐는 1,000,000,000,000,000,000,000,000,000,000달러가 되었을 것이다.

화폐를 과도하게 발행하면 이런 현상이 발생한다. 하지만 미국처럼 금융시장이 발달한 선진국에서는 화폐 발행량이 많아져도 이와 같은 극단적인 인플레이션 현상은 나타나지 않는다. 그 이유는 시중에 풀린 유동성의 상당부분이 실물경제로 들어가지 않고 주식이나 부동산 등 자산시장으로 흡수되기 때문이다.

이와 관련해 독일의 경제학자 하노 벡Hanno Beck은 《인플레이션》이라는 책에서 "시장에 돈이 넘쳐 나는데도 인플레이션이 발생하지 않는 이유는 자산 인플레이션으로 설명할 수 있다"라고 말했다.

「선진국의 양적 완화에 따른 글로벌 자산버블 우려 고조」라는 학술

성장주 패러다임

자료에 의하면, 경기부양을 위해 공급된 유동성은 실물경제보다는 주식, 채권, 부동산 등 자산시장으로 크게 유입되어 자산거품 우려를 낳는다.

달러와 같은 레거시 화폐들은 인플레이션 화폐이므로 앞으로도 지속적으로 통화량을 증가시킬 수밖에 없다. 그런데 정부 입장에서는 커다란 인플레이션이 밀려오지 않도록 관리해야 하므로 자산시장을 지속적으로 발전시키고 확장시켜야 한다.

자산시장이 발달하면 유동성을 흡수하기 때문에 시중의 화폐가 실물시장에 머물러 있지 않고 주식이나 부동산 또는 채권과 같은 자산시장으로 흡수된다. 그러면 양적 완화 등으로 시중에 풀린 화폐가 실물시장에 미치는 영향이 줄어들어서 심각한 인플레이션이 덮칠 가능성이 낮아진다. 그런데 기존의 자산시장이 팽창하는 데는 한계가 있다. 오를 만큼 올랐다고 생각되는 주식이나 부동산을 투자자들이 더 이상 구매하지 않는다면, 각국 정부는 화폐를 흡수해 줄 새로운 자산시장을 개발해야 한다. 기존 자산시장에 계속 화폐가 유입되면 버블 논쟁에서 자유로울 수 없기 때문이다.

나는 비트코인을 비롯한 암호화폐가 이러한 자산시장의 대안으로서 훌륭한 역할을 수행할 수 있다고 본다. 시장의 규모도 커지고, 투자자들 사이에서 상당한 신뢰를 쌓아가고 있기 때문이다. 각국 정부 입장에서는 시중에 넘쳐나는 화폐를 흡수해 줄 새로운 자산시장으로 암호화폐 시장이 안성맞춤이다. 그런 측면에서 암호화폐는 제도권에 편입되는 자산으로 성장할 것이고, 지금이 바로 그 초기라고 생각한다.

41

비트코인이 자산시장에
편입되는 과정

| SEC의 바이낸스 제소 |

2023년 6월에 SEC(미국 증권거래위원회)가 무국적 거래소인 '바이낸스Binance'와 미국의 '코인베이스Coinbase'를 제소했다. 코인베이스는 사실 들러리에 불과했고 SEC의 실제 목표는 바이낸스였다. SEC는 왜 바이낸스를 제소했을까?

바이낸스는 무국적 코인 거래소다. 미국 입장에서는 비트코인을 비롯한 코인을 자국의 통제 아래에 둬야만 하는데, 바이낸스는 무국적 거래소라서 미국의 통제 범위를 벗어나 있었다. 그래서 규제의 실효성이 떨어졌다. 예를 들면, 미국은 골치 아픈 국가들에 대해 금융거래를 규제하고 있다. 하지만 바이낸스는 무국적이다 보니, 규제 대상국들이 바이낸스를 통해서 자금을 확보한다고 해도 실효성 있는 제재를 하기가 어려웠다. 만약 바이낸스가 소규모 거래소라면 무시했을 텐데, 글로벌 1위 거래소여서 간단히 넘길 수도 없었다.

나는 이런 이유로 SEC가 바이낸스를 제소하고 공격했다고 생각한다. 미국 정부로부터 제소당하면 이용자들은 겁을 먹고 바이낸스에서 이탈할 것이다. 결국 제소 결과에 관계없이 이용자들은 줄어들 것이고 바이낸스의 영향력은 축소될 것이다.

말하자면 바이낸스의 영향력을 줄이는 것이 이번 제소의 목적이라고 할 수 있다. 실제로 SEC의 제소 이후에 '바이낸스US' 이용자가 80% 이상 감소했다고 한다.

SEC가 바이낸스를 제소한 명목상 이유는 두 가지였다. 첫째, 바이낸스가 거래량이 실제보다 많은 것처럼 부풀리기 위해 고객 자산을 이용했다는 것이었고, 둘째, 미국인들에게 해외 거래소에 직접 투자하는 것이 금지되어 있음에도 불구하고 일부 큰손 투자자들에게 몰래 거래할 수 있는 방법을 제공했다는 것이었다.

첫 번째 이유는 잘 모르겠지만, 두 번째 이유를 접했을 때 나는 의아하다고 생각했다. 왜냐하면 바이낸스 측에서 이 문제에 대해서는 굉장히 엄격하게 가이드라인을 지킨 것을 알기 때문이다. 물론 내가 알지 못하는 뭔가가 있을지도 모르지만 말이다.

이 제소가 얼마나 황당했느냐면, 법정에서 판사가 근거를 요구하자 SEC측 변호인은 아무런 증거도 제시하지 못했다. 그러면서 바이낸스가 지금 당장 법률을 어겼다기보다는 향후에 어길 가능성이 농후하다는 논리를 폈다. 그러니까 지금 당장 물건을 훔치지는 않았지만, 앞으로 도둑질을 할 가능성이 크니까 미리 처벌해야 한다는 논리였다. 톰 크루즈 주연의 영화 〈마이너리티 리포트〉에서 범죄를 저지를 가능성이 큰 잠재적 범죄자를 미리 체포하는 장면이 생각났다. 어쨌든 이러한 SEC 변호인의 답변에 판사가 굉장히 황당해했다고 한다.

SEC가 바이낸스와 코인베이스 양측에 문제 삼은 건은 '무허가 증권거래'에 관한 것이었다. SEC는 비트코인 등 극소수를 제외한 대부분의 코인을 증권으로 분류한다. 예를 들면 솔라나, 카르다노, 폴카닷처럼 시가총액이 큰 코인들을 모두 증권으로 규정하고 이런 증권성 코인들을 거래하지 말라고 엄포를 놓는다. 코인을 거래하려면 정식으로 상장 심사를 통과한 후 증권거래 허가를 득한 증권사를 통해 거래하라고 한다.

SEC는 스테이킹staking 거래도 하지 말라고 한다. 스테이킹은 투자자가 보유한 암호화폐를 블록체인 네트워크에 예치하면 이에 대해 보상해 주는 서비스다. 이러한 스테이킹 서비스도 역시 허가를 득한 정식 금융기관을 통해야만 한다는 것이다.

이에 '로빈후드Robinhood' 등의 암호화폐 거래소에서는 증권으로 지목된 카르다노, 솔라나, 폴리곤 등을 즉시 상폐하기로 결정했고, 그 결과 해당 코인의 가격은 급락했다. 그렇지만 다른 거래소에서 이들 코인들을 상장하지 않기로 하면서 가격은 회복세를 보였고, 특히 솔라나의 경우는 2023년 말에 접어들며 연일 급등세를 연출하고 있다.

SEC가 대부분의 코인을 증권으로 규정하고, 코인거래소들을 제소한 행위를 어떻게 해석해야 할까? 나는 비트코인 등 암호화폐를 제도권으로 들이기 위한 SEC의 작업이라고 생각한다. 기존에는 암호화폐 시장 규모가 작으니까 제도권 은행이나 증권회사 등이 이를 무시해 왔다. 하지만 암호화폐 시장의 규모가 점점 더 커지자 이제는 제도권 금융회사들이 군침을 흘리고 있다. SEC의 입장에서는 자기네들이 관리하는 제도권 금융회사들에 암호화폐 시장을 넘겨주는 것이 여러 가지로 이익이다. 따라서 SEC의 이러한 일련의 조치들은 비제도권 거래소들로부터 사업권을 박탈해서 제도권의 금융회사들에 넘겨주기 위한 작업이라고 할 수 있다.

이와 관련해서 조지 소로스George Soros가 이끄는 소로스 펀드 매니지먼트Soros Fund Management의 CEO 던 피츠패트릭Dawn Fitzpatrick은 "SEC의 암호화폐 거래소 제소가 장기적으로 투자자들에게 긍정적인 효과를 안길 것"이라면서 "SEC의 조치로 일부 거래소에 대한 투자자의 신뢰도가 떨어지면서 전통적인 금융회사가 그 자리를 차지할 것으로 기대한다"라고 했다. SEC의 조치를 전통적인 금융회사가 암호화폐 주도권을 잡아가는 과정으로 본 것이다.

| SEC의 조치가 시장에 미치는 영향 |

이러한 SEC의 조치가 시장에 미칠 영향을 살펴보자. 첫째, 암호화폐 주도권이 제도권으로 넘어간다면 암호화폐 시장의 규모는 훨씬 커질 것이다. 비제도권에서 제도권으로 주도권이 넘어가면 각종 펜션펀드나 헤지펀드, 사모펀드의 자금이 암호화폐 시장으로 넘어올 것이기 때문이다.

둘째, 특히 비트코인의 수혜가 예상된다. 대다수의 알트코인들이 증권으로 분류된다면, 이 코인들은 상장심사를 받은 후 증권사 라이선스를 가진 기관을 통해서만 거래할 수 있다. 상장심사를 통과하지 못하는 상당수 알트코인들의 상장폐지가 불가피하다. 그렇게 되면 비트코인에 거래가 더욱 집중될 수밖에 없다. 따라서 장기적인 관점에서 볼 때 SEC의 이런 행위는 비트코인에 호재로 작용할 것이다.

42

금권세력의 기만적 행동

| 비트코인을 대하는 이중적 자세 |

세계 최대 자산운용사인 블랙록이 비트코인 현물 ETF를 신청하자, CEO인 래리 핑크Larry Pink가 과거에 한 언동을 아는 많은 사람들이 깜짝 놀랐다.

2021년에 일론 머스크가 비트코인을 테슬라 결제수단에 도입하면서 비트코인은 크게 상승했다. 그러던 어느 날, 머스크는 환경을 생각해야 한다면서 테슬라 결제수단에서 비트코인을 갑자기 제외해 투자자들을 어리둥절하게 했다. 이때 비트코인은 큰 폭으로 하락했다.

그때 아크 인베스트ARK Invest의 대표인 캐시 우드Catherine Wood는 "일론 머스크가 아마도 래리 핑크로부터 전화를 받았을 것이다"라며 의미심장한 말을 남겼다. 핑크가 머스크에게 전화해서 "비트코인은 전기 소모가 극심해서 환경친화적이 아니니까 비트코인을 결제에 사용하지 말아 달라"라고 부탁했다는 것이다. 블랙록이 테슬라의 최대주주다 보니, 머스크도 그의 말을 무시하기는 어려웠을 거라는 것이 우드의 설명이었다.

그로부터 약 2년 후인 2023년에 블랙록이 비트코인 현물 ETF를 신청했다는 소식이 들려왔다. 그러자 내 머릿속에는 2021년에 핑크가 머스크에게 전화했던 상황이 떠올랐다.

나는 핑크가 머스크에게 전화했던 2021년 당시에 이미 블랙록이 비트코인 현물 ETF를 염두에 뒀을 거라는 사실을 짐작할 수 있었다. 비트코인 현물 ETF를 운영하려면 실제로 비트코인을 보유해야 한다. 즉, 비트코인을 직접 구매해야 한다. 그러려면 최대한 저렴하게 비트코인을 사야 하는데, 머스크가 비트코인의 가격을 띄우니까 핑크의 입장에서는 심기가 불편했을 것이다. 그래서 머스크에게 전화해서 자제를 요청했다는 것이 내 생각이다.

그 뒤로 비트코인이 크게 하락하면서 침체기에 들어갔고, 이러한 침체기를 이용해서 블랙록이 상당량의 비트코인을 확보한 후, 2023년 SEC에 비트코인 현물 ETF 승인을 신청한 것으로 보인다.

핑크는 SEC에 비트코인 현물 ETF를 신청하면서 "비트코인은 많은 사람들의 상상력을 사로잡았다. 사람들은 비트코인에 매혹되고 흥분하고 있다"라고 했는데, 이에 대해 '블룸버그Bloomberg'는 "래리 핑크가 비트코인 회의론자에서 구세주로 변신했다"라고 꼬집었다.

이러한 기관들의 이중적인 행동은 여기에 그치지 않는다. 'JP모건 체이스JPMorgan Chase' 은행의 제이미 다이먼Jamie Dimon 회장이 비트코인을 수시로 비판했다는 건 잘 알려진 사실이다. 2017년 9월 12일에 다이먼은 "비트코인은 사기이고, 비트코인을 거래하는 직원은 모두 해고하겠다"라고 엄포를 놨다. 그의 협박성 발언 이후에 비트코인은 24%나 하락했는데, 그 주말에 모건 스탠리와 JP모건 체이스가 유럽에서 비트코인을 대규모로 매입했다.

조지 소로스는 2018년 1월 24일에 "비트코인은 버블이다. 비트코인은 세상에서 가장 나쁜 투자다. 비트코인을 사면 안 된다"라면서 그러잖아도 한참 추락하던 비트코인의 날개를 완전히 꺾어버렸다. 그 후로도 한참 하락하여 비트코인 가격이 거의 반토막에 이른 4월에 소로스의 260억 달러 규모 '소로스 패밀리 펀드'는 비트코인 매집 허가를 받은 후 비트코인을 사들였다.

그해 10월에 소로스 펀드 매니지먼트 CEO인 던 피츠패트릭은 블룸버그와의 인터뷰에서, 비트코인에 투자하고 있음을 공식적으로 밝혔다. 금권세력이 비트코인에 대해 이렇게 기만적으로 행동한 것은 한두 번이 아니다. 그 사례를 일일이 나열하기가 벅찰 정도다. 그들이 이렇게 이중적인 행태를 취하는 이유는 비트코인의 가격을 떨어뜨려 가능하면 저렴하게 매집하기 위해서라고밖에 해석되지 않는다.

43

비트코인에 주목하는 이유

| 현물 ETF의 승인 |

세계 최대 자산운용사인 블랙록이 비트코인 현물 ETF를 신청했다고 앞서 이야기했다. 단지 시기의 문제일 뿐 비트코인 현물 ETF가 승인되는 건 시간문제다.

선물 ETF는 실물거래를 동반하지 않는 데 반해 현물 ETF는 반드시 실물거래가 뒤따라야 한다. 투자자들이 비트코인 현물 ETF를 매수하면, ETF 운영사는 그 금액에 해당하는 만큼 비트코인을 현물로 매입해서 보관해야 한다. 그래서 나는 비트코인 현물 ETF가 출범할 경우, 비트코인의 수요가 폭발적으로 늘어날 가능성이 크다고 생각한다.

미국에서 금 ETF가 처음으로 등장한 시기는 2004년 11월이다. ETF

의 이름은 SPDR Gold Shares^{GLD}였는데, 출시된 지 3일 만에 10억 달러가 유입될 정도로 큰 인기를 끌었다. 이후 수많은 금 ETF가 출시되었고, 현재 미국에서만 1,000억 달러가 넘는 자금이 금 ETF에 들어 있다. 금 ETF가 보유한 금의 규모는 국가로 치면 세계 4위에 해당할 만큼 크다.

금 ETF가 출시되기 이전에는 일반인이 금을 사고팔기가 어려웠다. 실물을 보관하기도 어려웠을 뿐만 아니라 분실의 위험도 컸다. 그렇지만 금 ETF의 출시로 금에 대한 투자자들의 접근성이 좋아지면서 주식, 채권, 부동산 등에 잠겨 있던 자금의 일부가 금 ETF로 이동했다. 금의 시가총액은 ETF가 출시된 이후 16년간 4배 정도 증가했다.

비트코인도 현재 일반인들이 접근하기가 쉽지 않은 편이다. 개인키를 분실할 위험성도 있고, 실물이 없다 보니 소유에 대한 확신도 없다. 암호화폐 거래소 자체에도 문제점이 많다. 그렇지만 만약 현물 ETF가 승인된다면, 그동안 접근성 때문에 비트코인을 사지 못했던 수요와 기관투자자들의 자금이 몰려들 것이다. 그러면 비트코인의 가격은 상승할 것이다.

| 비트코인은 본질가치가 없다 |

본질가치의 정의에 따라 달라지겠지만, 비트코인은 본질가치가 없다는 말에 나는 어느 정도 동의한다. 그렇게 볼 수도 있다고 생각한다. 그런데 본질가치가 없다는 것과 투자자산으로서 가치가 없다는 것은 다르다. 본질가치가 없다는 점이 오히려 투자자산으로서 비트코인의 매력 포인트라고 할 수 있다. 본래 본질가치가 없는 자산이 투자자산으로서 더 가치가 있다.

예를 들어보자. 피카소의 그림은 본질가치가 없다고 할 수 있다. 본질가치라고 해봐야 기껏 물감과 캔버스 값 정도일 것이다. 그렇지만 피카소의 그림은 본질가치가 없기 때문에 높은 가격을 형성하기에 유리하다. 피카소의 그림은 그 가격이 100만 원이어도 이상할 것이 없고, 1,000억 원이어도 이상할 것이 없기 때문이다. 작품성이 뛰어나고 희귀한 작품의 가격은 시간이 갈수록 더욱 상승한다. 본질가치가 없기 때문에 가격의 기준치 또한 없어서 발생하는 현상이다. 하지만 본질가치가 명확한 자산은 그렇지 않다. 예를 들어 삼성전자 주식의 적정가가 주당 5만 원이라면, 3만 원으로 떨어져도 정상이 아니고 10만 원으로 올라도 정상이 아니다. 본질가치가 기준이므로 움직이는 가격 폭이 제한적일뿐더러, 설사 크게 상승하거나 하락해도 결국 용수철처럼 본질가치로 회귀한다.

비트코인도 본질가치가 없다는 면에서 피카소의 그림과 비슷한 성질을 띤다. 한 개에 100원이어도 이상할 것이 없고 1개에 10억 원이어도 이상할 것이 없다. 그렇기 때문에 가장 탄력적으로 상승하기 좋은 자산이 비트코인이다.

본질가치가 없다고 해서 피카소 그림의 자산가치가 없지는 않다. 마찬가지로 비트코인도 본질가치가 없다고 해서 자산가치가 없는 것은 아니다. 피카소의 그림이 비싼 이유는 작품성이 뛰어나고 희귀하기 때문이다. 비트코인도 마찬가지다. 세계적으로 그 어떤 자산도 개수가 2,100만 개로 제한된 것은 없다. 아주 희귀한 자산이다. 그리고 최초의 블록체인을 이용한 자산인 만큼 예술성도 뛰어난 작품이다. 그렇기 때문에 시간이 지날수록 그 가치가 계속 올라갈 가능성이 크다. 피카소의 그림 가치가 시간이 지날수록 계속 올라가는 것과 마찬가지다.

비트코인은 본질가치가 없기 때문에 위험하다고 생각하는 사람들이 많다. 만약 그 논리대로라면 피카소의 그림도 본질가치가 없기 때문에 위험하다. 피카소의 그림 가치가 시간이 지날수록 올라가듯이, 비트코인의 가치도 시간이 갈수록 올라갈 가능성이 크다고 생각한다.

GROWTH STOCK PARADIGM

10장

비트코인×알트코인
매매전략

비트코인이 너무 비싸다며 저렴한 코인을 찾는 사람들이 있다. 그렇지만 알트코인에 관심을 가져야 할 시기는 따로 있다. 대세상승으로 가기 위해서는 1차적으로 비트코인만 상승해야 한다. 다른 코인들은 철저히 소외되는 가운데 오직 비트코인만 상승해야 대세상승이다. 지금까지 역사는 그랬다. 따라서 만약 대세상승의 초입이라고 판단되면 일단은 비트코인에 관심을 가져야 한다. 알트코인은 그 다음이다. 또한, 증권이냐 아니냐의 문제 때문에 상당수 알트코인은 상장폐지의 위험이 있다. 알트코인 투자자들은 이런 리스크를 인지하고 이에 대비하면서 투자에 임해야 할 것이다.

44

비트코인이 먼저,
알트코인은 나중에

| 2017년의 대세상승 |

비트코인과 알트코인은 서로 밀접한 상관관계를 가지고 상승 사이 클을 형성한다. 그렇기 때문에 대세상승장에서 비트코인과 알트코인 들이 어떤 상관관계를 가지고 상승했는지 과거 데이터를 분석해 보면 향후 거래를 하는 데 도움이 된다. 이와 관련해 이 장에서는 비트코인 과 알트코인의 관계로 본 매매전략에 대해 이야기해 보자.

첫 번째로 알아야 할 것은 대세상승장에서는 반드시 비트코인이 먼 저 오른다는 것이다. 그렇기 때문에 평상시 알트코인보다는 비트코인 위주로 매수해야 한다.

좀 더 구체적으로 살펴보자. 대세상승기에 접어들면 1단계로 비트코인만 상승한다. 알트코인들은 철저하게 소외되고 오직 비트코인만 오른다. 비트코인이 계속 상승해서 전고점을 돌파하는 동안 다른 코인들은 거의 오르지 못한다. 그 결과 '비트코인 도미넌스Bitcoin Dominance[1]'가 크게 상승한다. 비트코인 도미넌스는 최대 70%까지 상승하기도 한다. 지금은 많은 신규 코인들이 새로 만들어져 비트코인 도미넌스가 70%까지 상승하는 것은 어렵겠지만, 그래도 이 수치가 크게 상승한다는 점을 기억하자.

비트코인의 상승이 막바지에 이를 무렵 이더리움이 상승을 시작한다. 이것이 상승의 2단계다. 비트코인과 이더리움이 동반해서 상승하다가 비트코인은 상승을 멈춘 후 횡보한다. 그렇지만 이더리움은 계속 상승한다. 그러면 다른 알트코인들이 이더리움을 추종해서 상승대열에 합류한다. 이때는 비트코인은 여전히 횡보하는 반면에 이더리움은 꾸준히 상승하고, 다른 알트코인들은 더 크게 상승한다. 이 시기에는 10배나 20배, 심지어는 50배나 오르는 알트코인들이 쏟아져 나온다. 이렇게 크게 상승하는 알트코인들은 모두 다 당시 시대의 시류에 적합한 코인들이다. 예를 들면, 2020년에는 메타버스 P2E와 관련된 코인들이 상승을 주도했다.

이와 같이 모든 코인들이 한바탕 크게 상승한 후에는 비트코인과 이더리움, 그 밖의 모든 알트코인이 동시에 하락한다. 이것이 3단계다. 3단계 이후에는 모든 암호화폐가 침체기에 들어간다.

---

1 암호화폐 전체 시가총액 대비 비트코인의 시가총액의 비율을 말한다.

과거 차트를 한번 살펴보자. 차트①은 2017년의 비트코인 차트다. 비트코인이 본격적으로 상승하면서 전고점을 돌파한 날이 2017년 10월 11일이다.

■ 차트① 2017년 10월 11일 비트코인 전고점 돌파

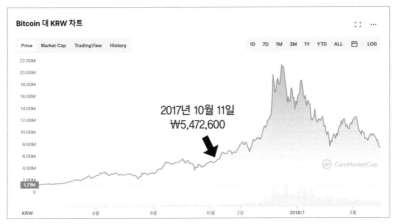

출처: coinmarketcap.com.

■ 차트② 2017년 10월 11일 이더리움 횡보

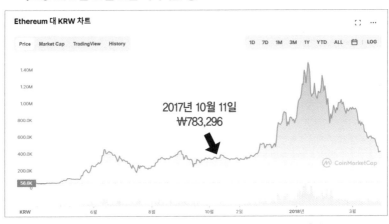

출처: coinmarketcap.com.

비트코인이 전고점을 돌파한 날, 그러니까 10월 11일의 이더리움을 보자. 앞 페이지 차트②의 화살표가 가리키는 지점이다. 보다시피 이더리움은 여전히 횡보하고 있다.

■ 차트③ 2017년 11월 25일 이더리움 전고점 돌파

출처: coinmarketcap.com.

■ 차트④ 2017년 12월 16일 비트코인 최고점 도달

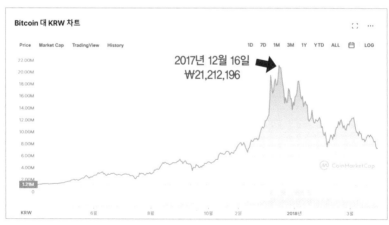

출처: coinmarketcap.com.

이더리움이 전고점을 돌파하면서 본격적으로 상승하기 시작한 날은 차트③에서 보다시피 2017년 11월 25일이다. 비트코인이 전고점을 돌파한 날로부터 약 45일 후에 이더리움이 전고점을 돌파하면서 본격적으로 상승하기 시작한다.

차트④의 2017년 12월 16일은 비트코인이 최고점에 도달한 날이다[2]. 그러면 비트코인이 최고점에 도달한 12월 16일에 이더리움은 어떤 움직임을 보일까? 차트⑤에서 보다시피 아직도 한참 상승 중이다.

■ **차트⑤ 2017년 12월 16일 이더리움 상승**

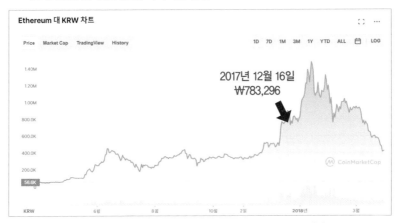

출처: coinmarketcap.com.

---

2 차트에서 표시하는 원화는 그 당시 달러를 원화로 환산한 금액이다. 따라서 '김치 프리미엄'은 반영되지 않았다.

■ 차트⑥ 2018년 1월 13일 이더리움 최고점 도달

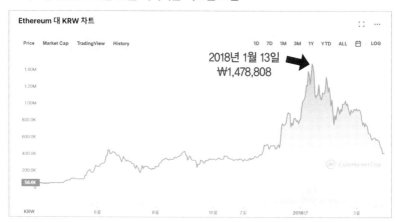

출처: coinmarketcap.com.

비트코인이 최고점에 도달한 후 횡보 또는 소폭으로 하락하는 동안 이더리움은 상승을 계속한다. 그래서 차트⑥에서 보다시피 2018년 1월 13일에 최고점에 도달한다. 이더리움은 비트코인보다 약 한 달 후에 최고점에 도달한다.

■ 2017년 비트코인과 이더리움의 상승 사이클 비교

비트코인	전고점 도달 → 2017년 10월 11일
	최고점 도달 → 2017년 12월 16일
이더리움	전고점 도달 → 2017년 11월 25일
	최고점 도달 → 2018년 1월 13일

■

2017년 상승

이더리움이 비트코인보다 약 45일 늦게 상승을 시작해서
약 1개월 늦게 최고점에 도달했다.

성장주 패러다임

정리해 보자. 암호화폐가 대세상승을 시작할 때는 1단계로 비트코인만 상승한다. 비트코인이 일단 전고점을 돌파해야 다른 코인들이 상승을 시작한다. 따라서 알트코인들이 상승하기 위한 전제 조건은 비트코인이 전고점을 돌파하는 것이다.

이더리움은 비트코인보다 약 45일 후에 본격적으로 상승하기 시작해서, 비트코인보다 약 1개월 늦게 최고점에 도달했다. 알트코인 중에서는 이더리움이 가장 먼저 상승을 시작하면 다른 알트코인들도 조만간 상승에 합류했다.

45

대세상승장의 매매전략

| 2021년의 대세상승 |

이번에는 그로부터 4년 후인 2021년 봄에 있었던 대세상승의 사이 클을 분석해보자. 옆의 차트①은 2020년부터 2021년까지의 비트코 인 차트다. 비트코인이 본격적으로 상승하면서 전고점을 돌파한 날은 2020년 12월 17일이다.

그러면 비트코인이 전고점을 돌파한 12월 17일 이더리움의 움직임 을 보자. 차트②에서 보다시피, 이더리움은 아직 상승하지 않은 채 횡 보를 이어가고 있다.

성장주 패러다임

■ 차트① 2020년 12월 17일 비트코인 전고점 돌파

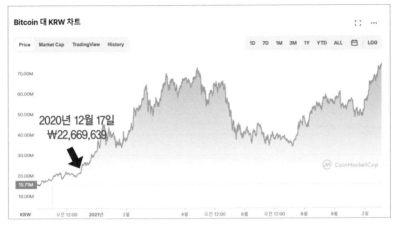

출처: coinmarketcap.com.

■ 차트② 2020년 12월 17일 이더리움 횡보

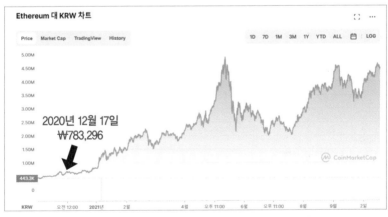

출처: coinmarketcap.com.

■ 차트③ 2021년 2월 2일 이더리움 전고점 돌파

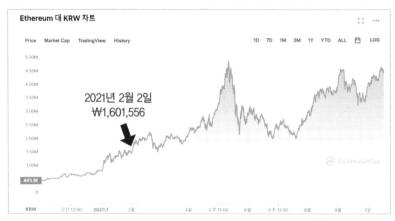

출처: coinmarketcap.com.

■ 차트④ 2021년 4월 13일 비트코인 최고점 도달

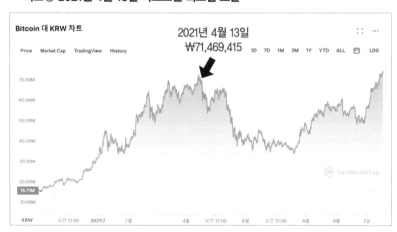

출처: coinmarketcap.com.

차트③을 보면, 이더리움이 전고점을 돌파하면서 본격적으로 상승하기 시작한 날은 2021년 2월 2일이다. 비트코인이 전고점을 돌파하며 움직이기 시작한 날로부터 약 45일 후다.

이번에는 비트코인이 최고점에 도달한 날이다. 차트④를 보면 비트코인은 2021년 4월 13일에 최고점에 도달했다.

그럼 비트코인이 최고점에 도달한 4월 13일에 이더리움은 어떤 움직임을 보였을까? 차트⑤를 보면 이더리움은 아직도 상승 중이었다.

뒤 페이지의 차트⑥을 보면 비트코인이 최고점에 도달한 후 횡보 또는 소폭으로 하락하는 동안 이더리움은 계속 상승해서 2021년 5월 12일에 최고점에 도달했다.

■ **차트⑤ 2021년 4월 13일 이더리움 상승**

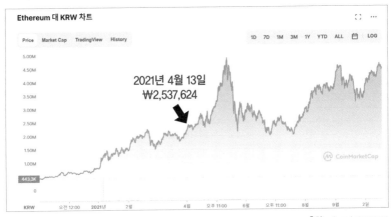

출처: coinmarketcap.com.

그러니까 2021년의 대세상승을 보면, 이더리움이 비트코인보다 약 45일 후에 본격적으로 상승하기 시작해서 비트코인보다 약 1개월 후에 최고점에 도달했다.

■ 차트⑥ 2021년 5월 12일 이더리움 최고점 도달

출처: coinmarketcap.com.

■ 2021년 비트코인과 이더리움의 상승 사이클 비교

비트코인	전고점 도달 → 2020년 12월 17일
	최고점 도달 → 2021년 4월 13일
이더리움	전고점 도달 → 2021년 2월 2일
	최고점 도달 → 2021년 5월 12일

■

2021년 상승

이더리움이 비트코인보다 약 45일 늦게 상승을 시작해서
약 1개월 늦게 최고점에 도달했다.

성장주 패러다임

정리하면, 2017년과 2021년의 대세상승장에서 두 번 다 이더리움은 비트코인보다 약 45일 늦게 전고점을 돌파하며 상승하기 시작했고, 이더리움은 비트코인보다 약 1개월 늦게 최고점에 도달했다. 따라서 이더리움이 비트코인보다 약 30~45일 늦게 사이클을 시작하고 종료한다고 할 수 있다. 다른 알트코인들은 이더리움이 상승하면 시차를 두고 따라서 상승한다.

■ **2017년과 2021년의 비트코인과 이더리움의 대세상승**

2017년의 대세상승
이더리움이 비트코인보다 약 45일 늦게 상승을 시작하여 1개월 늦게 최고점에 도달
2021년의 대세상승
이더리움이 비트코인보다 약 45일 늦게 상승을 시작하여 1개월 늦게 최고점에 도달

2017년과 2021년 모두 시대의 흐름에 맞는 알트코인들 중에서 수십 배씩 상승하는 코인들이 쏟아졌다. 예를 들면, 메타버스나 P2E가 테마를 형성하던 2021년에는 이와 관련된 '샌드박스', '엑시인피니티', '디센트럴랜드'가 크게 상승했고, 우리나라 코인 중에서는 '위믹스'가 수십 배씩 상승했다.

이런 사이클이 나타나는 것은 우연이 아니다. 암호화폐의 구조를 잘 아는 사람이라면 비트코인이 먼저 상승할 수밖에 없다는 사실을 알고 있다. 왜냐하면 우리나라에서는 원화로 알트코인을 구매할 수 있지만, 다른 나라에서는 일단 비트코인을 구매한 후 그것으로 알트코인을 구매하는 BTC마켓이 활성화되었기 때문이다.

비트코인이 오로지 홀로 상승할 때가 대세상승이다. 알트코인들과 함께 다 같이 동반 상승하면 대세상승이 아니다. 비트코인만 상승해야 하는 이유는 그래야만 시장의 에너지가 축적돼서 폭발하기 때문이다. 비트코인만 상승한다는 의미는 비트코인의 거래량이 다른 코인에 비해 폭발적으로 증가한다는 뜻이다. 거래대금 측면에서 봤을 때, 비트코인의 거래대금이 연속으로 상위권을 유지하면 대세상승이라고 추측할 수 있다.

따라서 알트코인보다는 비트코인 위주로 포트폴리오를 구성하는 것이 가장 기본적인 매매전략이다. 비트코인이 대세상승장에서 1차 상승을 마쳤다고 판단될 때, 그 당시의 시대정신에 적합한 코인으로 일부 교체한다면 의외로 큰 시세차익을 얻을 수도 있다. 코인 투자에 관심이 있다면 이 전략을 고민해 보기 바란다.

첫째, 책을 무지막지하게 읽자!
둘째, 사고실험을 하자!
셋째, 스스로 공부하자!

본문에서 소개했던 위대한 과학자 닐스 보어의 이야기를 좀 더 해보자. 1910년대에 물리학에는 여러 가지 난제가 있었지만, 물리학자들을 가장 괴롭힌 것은 패러독스였다. 기존 이론에 의하면 전기를 띠는 입자가 직선 경로를 이탈하면 전자기파를 내놓고 에너지를 잃는다. 그러니까 러더퍼드의 원자모형에서 원자핵 주위를 도는 전자는 끊임없이 에너지를 잃어 결국에는 원자핵으로 빨려 들어가야만 한다. 간단히 계산해 봐도 모든 원자는 1초도 안 되는 아주 짧은 시간 내에 붕괴되고 만다. 하지만 현실은 그렇지 않았다.

문제는 또 있었다. 원자 스펙트럼이었다. 특정 원자가 열을 받으면 특정한 진동수의 빛을 낸다는 것은 여러 실험을 통해 이미 밝혀졌다. 각 원자가 방출하는 빛의 진동수에는 차이가 존재한다. 하지만 어느 과학자도 이를 제대로 설명할 수 없었다. 어째서 원자는 고집스럽게 동일한 진동수의 빛만을 방출할까?

이에 대해서 보어는 어떤 생각을 했을까? 그의 생각을 알아보자. 원자핵 주위를 도는 전자는 각각 정수로 표현되는 에너지 준위를 가진다. 이 에너지 준위들은 계단과 같다. 만약 에너지 준위가 안정적이라서 전자가 이 에너지 준위를 돌 때 복사파를 내놓지 않는다면, 궤도를 도는 전자는 영원히 자신의 에너지를 보존하게 된다. 그러나 전자가 어느 한 에너지 준위에서 다른 에너지 준위로 점프한다면, 두 준위의 높은 에너지에서 낮은 에너지를 뺀 양만큼 자기 에너지를 일부 써야만 한다. 총 에너지는 변하지 않기 때문에 전자가 점프하면서 잃는 에너지는 빛으로 방출된다.

1913년에 발표한 '양자 원자론 이론'으로 보어는 현대 원자 물리학의 아버지로 널리 인정받게 되었고, 1922년에는 노벨 물리학상을 수상했다.

원자는 세상의 만물을 이루는 가장 기초단위다. 그렇기 때문에 세상의 모든 움직임은 원자의 이치를 따를 수밖에 없다. 원자핵 주위를 회전하는 전자는 연속적으로 빛을 방출하면서 움직이는 것이 아니라, 여건이 마련되는 순간 갑자기 빛을 방출하면서 준위를 바꾼다. 즉, 연속적이 아니고 불연속적이다.

나는 이것이 세상의 이치라고 생각한다. 주식투자도 마찬가지다. 실력이 차츰차츰 향상되는 것이 아니라, 창고에 물건이 쌓이듯 머릿속에 지식이 차츰차츰 축적되다 보면 어느 순간 갑자기 에너지 준위가 변하면서 실력이 점프한다. 이때 낮은 실력의 준위에서 더 높은 실력의 준위로 점프할 수 있게 해주는 원동력이 바로 '독서'다.

2006년에 나는 영화 〈가족의 탄생〉으로 대종상 최우수작품상을 수상한 후 안성기 선배, 박중훈 배우 그리고 박찬욱 감독과 함께 축하하는 자리를 가졌다. 안성기 선배는 그 당시 영화 〈라디오스타〉로 오랜만에 남우주연상을 수상했는데 공동주연을 맡았던 박중훈 배우가 그 자리에 합류해 함께 축하해 주었다. 박찬욱 감독은 영화계에서도 독서를 많이 하기로 소문난 감독이었기에 나는 그에게 문득 이런 질문을 던졌다.

"좋은 감독이 되려면 영화를 많이 봐야 하나요, 책을 많이 봐야 하나요? 둘 중에 하나를 골라야 한다면요!"

박찬욱 감독은 1초의 망설임도 없이 당연히 책을 많이 읽어야 한다고 답했다. 책을 많이 읽는 것이 영화를 많이 보는 것보다 훨씬 더 중요하다고 했다. 심지어 영화감독에게도 그렇다는 사실이 새삼스러웠다. 아마 많은 독서량이 박찬욱 감독을 세계적인 감독의 반열에 올려놨을 것이다. 비단 박찬욱 감독만이 아니다. 각 분야에서 성공한 사람들을 만나면 나는 항상 비슷한 질문을 던진다. 그러면 대답은 한결같다. 책을 많이 읽으라는 것이다. 항공사의 VIP들을 전담하는 승무원이 퍼스트 클래스 고객들의 공통점은 모두 지독한 독서광이라고 한 글을 읽은 적이 있다.

내 경험상 100권, 200권을 읽어서는 커다란 변화가 없다. 이 정도의 독서량은 에너지 준위를 바꾸기에는 부족하다. 하지만 500권, 1,000권을 읽다 보면 자신의 에너지 준위가 이미 바뀌었다는 걸 갑자기 깨닫게 된다. 우리나라가 1945년 8월 15일 일제 치하에서 벗어나자 민중운동가 함석헌 선생은 "해방은 도둑같이 뜻밖에 왔다"라고 했는데, 독서에도 잘 어울리는 표현이라고 할 수 있다.

"어느 날, 눈을 떠 보니까 내 실력이 점프해 있었다."

이 말은 독서에 딱 적합한 표현이다. 나도 그랬다. 100권, 200권 읽고서 아무것도 변하지 않는다고 포기하지 말고 500권, 1,000권 읽어보자. 어느 날 갑자기 자신의 실력이 한 단계 점프한 것을 느낄 것이다. 그러므로 내 첫 번째 주장은 바로 이것이다.

"책을 무지막지하게 읽자!"

위대한 과학자의 이야기를 좀 더 해볼까 한다. 보어의 '양자 원자론 이론'은 후에 '양자역학적 원자 모델'에 영광스러운 자리를 내주었다. 이 이론은 독일의 하이젠베르크, 오스트리아의 슈뢰딩거 등 우리가 아는 역학의 대가들에 의해 탄생했으며, 보어도 이 진용에 합류했다. 우리가 아는 소위 '코펜하겐 학파'다.

그런데 이 이론을 못마땅해하는 사람이 있었으니, 또 다른 위대한 과학자 아인슈타인이었다. 아인슈타인은 양자역학의 확률적 해석을 못마땅하게 여겼고 양자역학의 여러 쟁점에 관해 날카롭고 정교한 사고실험을 내놓았다. 하지만 보어가 그것을 다시 기발한 방법으로 논파해 나가면서 피 터지는 논쟁을 이어갔으니, 이런 과정을 거치면서 양자역학에 대한 이해는 초창기에 빠르게 성숙했다. 후대의 과학자들은 이 유명한 논쟁에 '보어-아인슈타인 논쟁Bohr-Einstein Debate'이라고 이름 붙였다.

보어의 이름이 앞에 나온 것으로 미뤄 짐작했겠지만 이 논쟁의 승자는 보어였다. 하지만 아인슈타인의 사고실험은 항상 기발하고 놀라운 것이었다. 아인슈타인은 전혀 해 보지도 않은 실험이 필요할 때면 먼저 머릿속으로 상상했다. 그 결과로 탄생한 것 중 하나가 '상대성이론'이다. 이렇듯 그의 최고 업적 중 하나인 상대성이론은 사고실험의 결과였다.

아인슈타인은 움직이는 기차 안 관찰자와 기차 밖 관찰자의 사고실험을 통해 모든 움직이는 물체의 시간은 '상대론적 비율'만큼 느리게 간다는 것을 알아냈다. 이 얼마나 기가 막힌 사고실험인가!

내가 하고 싶은 말은 아인슈타인이 사용했던 사고실험을 우리도 투자에 활용해 보자는 것이다. 어떤 문제에 대해 꼬리에 꼬리를 물고 생각하다 보면 자기 나름의 결론에 이르게 된다. 그 과정이 충분히 합리적이었는지 돌아보고, 그렇다고 판단되면 그 결과를 투자에 활용할 수 있다. 이러한 사고실험을 반복하면 할수록 생각하는 근육이 생긴다. 우리 몸의 근육이 운동 능력에 도움을 주듯이, 두뇌의 근육은 생각하는 능력을 향상시킨다. 생각하는 능력이 향상되면 투자성과가 좋아지는 것은 당연하다. 그러므로 내 두 번째 주장은 이것이다.

"사고실험을 하자!"

이번에는 일본으로 가보자. 본문에서도 언급한 나카무라 슈지에 관한 이야기다. 나카무라는 '스스로 생각하는 힘'을 강조했다고 앞서 이야기했다. 생각하는 습관이 그에게 노벨 물리학상을 가져다줬는데, '생각하는 힘'이란 게 결국은 사고실험과 일맥상통하는 면이 있다.

그가 세계 최초로 청색 LED를 개발 및 상용화해 노벨 물리학상을 받을 수 있었던 또 다른 원동력은 '그 어떤 하찮은 일도 스스로 한다'는 것이었다. 당시 일본의 대기업이나 대학의 연구원들은 비품이나 장비 제작을 전부 외부에 맡겼다. 이런 하찮은 일쯤은 업자들에게 맡기고 자신은 연구의 중요한 부분에 매진하면 된다고 생각했다. 장비를 고치고 개조하는 시간에 차라리 논문을 한 편 더 읽는 게 효율적이라고 생각했을지도 모른다.

하지만 실제로는 정반대라고 나카무라는 말한다. 그는 실험 장비를 직접 만들면 여러 가지로 창의력이 발휘되면서 아이디어가 떠오른다며, 오랫동안 연구개발을 해오면서 이 사실을 절실히 깨달았다고 한다. 인화갈륨이나 갈륨비소의 결정을 증착하기 위해 사용한 장비도 시판되는 것이 아니라 독창적인 아이디어로 자신이 직접 설계한 장비였다. 이 장비가 그에게 노벨 물리학상을 안겨주었다.

그는 시판되는 장비로는 아무리 실험해도 제대로 된 결정을 만들 수 없어서 실험에 적합하도록 장비를 직접 개조했다고 한다. 용접까지도 직접 했는데, 그 과정에서 장비와 실험에 대한 이해도가 더 높아졌다고 한다. 그는 오전에는 장치를 개조하고 오후에는 실험하는 일상을 10년 이상 매일 반복했는데, 이것이 청색 LED를 개발할 수 있었던 결정적 요인이었다고 한다.

주식투자도 마찬가지다. 사람들은 주식과 관련한 여러 유튜브 채널을 시청하는 것을 공부하는 것으로 착각한다. 하지만 내가 보기에 그건 공부가 아니다. 나카무라 슈지가 스스로 장비를 만들고 개조했듯이, 우리도 종목에 대한 공부를 스스로 해야 한다. 만약 어떤 종목에 관심이 있다면 유튜브나 NAVER를 검색하는 데 그치지 말고, 귀찮고 번거롭더라도 스스로 자료를 찾고 연구하라는 말이다. 그러다 보면 해당 종목에 대한 이해력이 증진되면서 자기만의 판단력이 생긴다. 이런 방식의 공부가 투자로 연결되면 성공할 확률이 높아진다. 그러므로 내 세 번째 주장은 이것이다.

"스스로 공부하자!"

정리해 보자.

첫째, 책을 무지막지하게 읽자!

둘째, 사고실험을 하자!

셋째, 스스로 공부하자!

여러분의 성공투자를 기원하면서, 끝까지 이 책을 읽어준 독자들에게 감사의 말씀을 전한다.

참고자료

[단행본]

김유성(2023). 《금리는 답을 알고 있다》. 서울: 경이로움.

김재현(2022). 《찰리 멍거 바이블》. 서울: 에프엔미디어.

김충현(2020). 《의료기기 산업의 미래에 투자하라》. 서울: 클라우드나인.

김해수 외(2007). 《아버지와 라디오》. 서울: 느린걸음.

나카무라 슈지(2015). 《끝까지 해내는 힘》. 서울: 비즈니스북스.

대니얼 카너먼(2012). 《생각에 관한 생각》. 경기: 김영사.

마틴 포드(2022). 《로봇의 지배》. 서울: 시크릿하우스.

매경이코노미(2022). 《대예측 2023》. 서울: 매일경제신문사.

모건 하우절(2021). 《돈의 심리학》. 서울: 인플루엔셜.

박동흠(2019). 《박 회계사의 완벽한 재무제표 활용법》. 서울: 더퀘스트.

박진성(2023). 《진짜 하루 만에 이해하는 반도체 산업》. 서울: T.W.I.G(티더블유아이지).

배용국(2020). 《주식 투자로 1,000만 원에서 100억 원 만들기 플랜》. 서울: 두드림미디어.

배용국(2022). 《주식, 디지털 자산, 연금, 자산 투자 가이드》. 서울: 두드림미디어.

앨런 라이트먼(2012). 《과학의 천재들》. 서울: 다산초당.

에이드리언 슬라이워츠키, 칼 웨버(2012). 《디맨드》. 경기: 다산북스.

워런 버핏(2022). 《워런 버핏의 주주 서한》. 서울: 에프엔미디어.

윌리엄 손다이크(2019). 《현금의 재발견》. 서울: 마인드빌딩.

윌리엄 파운드스톤(2011). 《가격은 없다》. 경기: 동녘사이언스.

윤재수(2015). 《대한민국 주식투자 100년사》. 서울: 길벗.

정웅지(2016). 《투자의 99%는 금리다》. 서울: 원앤원북스.

정필모(2022). 《달러의 역설》. 경기: 21세기북스.

제레미 리프킨(2015). 《엔트로피》. 서울: 세종연구원.

조동연(2021). 《우주산업의 로켓에 올라타라》. 서울: 미래의창.

짐 콜린스(2021). 《좋은 기업을 넘어 위대한 기업으로》. 경기: 김영사.

찰스 그레이버(2019). 《암 치료의 혁신 면역항암제가 온다》. 경기: 김영사.

성장주 패러다임

최성락(2022). 《부를 부르는 50억 독서법》. 서울: 월요일의꿈.

피터 린치, 존 로스차일드(2021). 《전설로 떠나는 월街의 영웅》. 경기: 국일증권경제연구소.

하노 벡 외(2021). 《인플레이션》. 서울: 다산북스.

한대훈 외(2021). 《우주에 투자합니다》. 서울: 스리체어스.

히라이 가즈오(2022). 《소니 턴어라운드》. 서울: 알키.

[보고서]

김민정. 「Game Changer, 지금도 바겐세일 중」. DS투자증권. 2023.5.23.

이우주. 「인공지능 반도체 K-스타트업 3선」. 리서치알음. 2023.5.18.

[잡지 및 신문]

김동규 기자. "2025년 '40조원' 서버용 SSD시장, 삼성전자 초격차로 1위 유지한다". 〈뉴스1〉. 2021.12.23.

김동수 기자. "김교현 롯데케미칼 부회장의 빅피처… 일진머티리얼즈 인수 뭘 노렸나". 〈Insight〉. 2022.10.21.

김재현 전문위원. "버핏의 인생투자 '씨즈캔디'… 그리고 좋은 기업, 끔찍한 기업[김재현의 투자대가 읽기]". 〈머니투데이〉. 2023.6.3.

김종학 기자. "경이적 주가 700배… '오운완' 세대에 통한 음료[바이 아메리카]". 〈한국경제TV〉. 2023.5.20.

김지완 기자. "'실패하려야 실패할 수 없는 임상'… 메지온, 유데나필 3상 재수 '성공' 자신". 〈이데일리〉. 2023.2.24.

김지완 기자. "JW중외제약·GC녹십자, 혈우병 치료제 효능 두고 연일 난타전". 〈이데일리〉. 2023.8.30.

김지원 기자. "메지온, 폰탄 치료제 유데나필 3상 추가 임상… 이번에는 FDA문턱 넘을까". 〈시사저널e〉. 2023.7.10.

남해인 기자. "'배당 적다' 지적에 '재투자와 배당 균형 찾겠다'… 성토장 된 네이버 주총". 〈뉴스1〉. 2023.3.22.

노아름 기자. "영업적자 해태아이스크림 가치 1400억, 어떻게 산출됐나". 〈the bell〉. 2020.4.3.

문대현 기자. "장현석에 푹 빠진 다저스… '중학생 때부터 주시, 강한 승부욕에 끌려'". 〈뉴스1〉. 2023.8.14.

문일호 기자. "CJ CGV '터키위기' 직격탄… 작년 파생상품 손실 1770억". 〈매일경제신문〉. 2019.2.12.

박규석 기자. "롯데하이마트 인수 주역들, 그룹 '식품·유통' 성장주도". 〈the bell〉. 2023.8.31.

박주희 기자. "장현석, 다저스 유망주 22위… 2027년 빅리그 입성 전망". 〈한국일보〉. 2023.8.17.

배영경 기자. "[특징주] 네이버, '포쉬마크 인수효과' 호평 속 연일 강세". 〈연합뉴스〉. 2023.5.9.

송철호 기자. "'전기차 지각생' 도요타, 전고체 배터리 승부수 던져". 〈주간한국〉. 2023.6.30.

양지윤 기자. "굴뚝 딱지 붙은 두산, 이번엔 정말 AI로 재기?". 〈이데일리〉. 2023.9.20.

임경업 기자. "손정의 '10년 내 AI혁명 주도'". 〈조선일보〉. 2023.10.13.

장경윤 기자. "디스플레이 불황의 '깊은 골'… 성장판 닫히는 DDI시장". 〈The Elec〉. 2022.10.28.

전효진 기자. "5G→·팬데믹·생성AI가 이끄는 지구촌 데이터센터 투자 러시". 〈이코노미 조선〉. 통권509호. 2023.9.18.

최창원. "속속 등장하는 한국형 '팹리스' ㅣ 작지만 '기술력' 우위… 美 엔비디아 제쳤다". 〈매경이코노미〉. 2023.5.12.

코인니스 기자. "소로스 펀드 CEO 'SEC-거래소 제소로 전통 금융사가 암호화폐 주도권 잡는다'". 〈TOKENPOST〉. 2023.6.8.

추현우 기자. "조지 소로스 펀드 '비트코인에 투자했다'". 〈Digital Today〉. 2021.10.7.

"빅뱅 탑 내년 인류 최초 달여행 떠날까… 스페이스X '디어문' 프로젝트는 무엇?". 〈동아일보〉. 2022.12.10.

"블랙록 CEO 래리 핑크 '사람들은 비트코인에 매혹됐다' – BTC 회의론자서 구세주로 변신". 〈Block Media〉. 2023.6.24.

[기타]

"겐슬러 도발, 비트코인 ETF 기습 연기, SEC vs 의회, 기관들의 사기행태에 발리지 말자". 유튜브 채널 비트슈아. www.youtube.com/watch?v=ylB4zWqVobI.

"[공모주] 파두, 팹리스 유니콘 / 메타(페이스북)이 선택한 회사 / 시총 1.5억 대어 / 유리한 증권사는?". 유튜브 채널 주식애소리. www.youtube.com/watch?v=lvL.wyn0jnNA.

"일론 머스크, 휴머노이드 로봇 '옵티머스' 전격공개 & 무대로 걸어나오 손까지 흔들어보여". 슈퍼맨의 흔적 남기기. blog.naver.com/shoot8282/222889277880.

"[촉촉큐티] No. 232 : 행악자의 집회를 미워하며 (체인점에서 음란잡지를 없앤 잭 에커드)". 김동찬 목사의 촉촉큐티. blog.naver.com/act817/222531902640.

"탈모치료제 게임체인저 등장, 기술수출 시간문제". 유튜브 채널 팜이데일리. www.youtube.com/watch?v=jnUPwoq6nLo.

"파두 공모주 워밍업 / 반도체 팹리스 유니콘 기업". 유튜브 채널 경제적자유민족. www.youtube.com/watch?v=UDk0sfli5-w.

"피델리티 '비트코인 2026년에 100만 달러' – 'Understanding Bitcoin' 기관용 보고서". 블록미디어 홈페이지. www.blockmedia.co.kr/archives/191348.

"HBM 뜻". 변화마스터. cartney79.tistory.com/1323.

"KIKO". 위키백과. ko.wikipedia.org/wiki/KIKO.

성장주 패러다임
압도적 성장주와 비트코인에 투자하라

1판 1쇄 발행 2023년 12월 10일

ⓒ 천백만(배용국), 2023

지은이	천백만(배용국)
펴낸곳	거인의 정원
발행인	이지현
출판등록	제2023-000080호(2023년 3월 3일)
주소	서울특별시 강남구 영동대로602, 6층 P257호
이메일	lee@giants-garden.com
홈페이지	smartstore.naver.com/giantsgarden